NOUVEAUX CLASSIQUES LAROUSSE

FONDÉS PAR   DIRIGÉS PAR
FÉLIX GUIRAND   LÉON LEJEALLE
Agrégés des Lettres

D. Hansen

L'ÉCOLE DES FEMMES

comédie

« Là, regardez-moi là, durant cet entretien. »
(Acte III, sc. II, v. 677.)

Composition inspirée du frontispice de F. Chauveau pour l'édition de 1666.
Bibliothèque de l'Arsenal. Fonds Rondel.

MOLIÈRE

L'ÉCOLE DES FEMMES

comédie

avec une Notice biographique, une Notice historique et
littéraire, des Notes explicatives, des Documents, des
Jugements, un Questionnaire et des Sujets de devoirs,
par

GÉRARD SABLAYROLLES

Agrégé des Lettres
Censeur au lycée de Strasbourg

LIBRAIRIE LAROUSSE

17, rue du Montparnasse, et boulevard Raspail, 114
Succursale : 58, rue des Écoles (Sorbonne)

RÉSUMÉ CHRONOLOGIQUE
DE LA VIE DE MOLIÈRE
1622-1673

1622 (15 janvier) — Baptême à **Paris**, à l'église Saint-Eustache, de Jean-Baptiste Poquelin, fils aîné du marchand tapissier Jean Poquelin et de Marie Cressé.

1632 (mai) — Mort de Marie Cressé.

1637 — Jean Poquelin assure à son fils Jean-Baptiste la survivance de sa charge de tapissier ordinaire du roi. (Cet office, transmissible par héritage ou par vente, assurait à son possesseur le privilège de fournir et d'entretenir une partie du mobilier royal; Jean Poquelin n'était évidemment pas le seul à posséder une telle charge.)

1639 (?) — Jean-Baptiste termine ses études secondaires au collège de Clermont (aujourd'hui lycée Louis-le-Grand), tenu par les Jésuites.

1642 — Il fait ses études de droit à Orléans et obtient sa licence. C'est peut-être à cette époque qu'il subit l'influence du philosophe épicurien Gassendi et lie connaissance avec les « libertins » Chapelle, Cyrano de Bergerac, d'Assoucy.

1643 (16 juin) — S'étant lié avec une comédienne, **Madeleine Béjart**, née en 1618, il constitue avec elle une troupe qui prend le nom d'**Illustre-Théâtre;** la troupe est dirigée par Madeleine Béjart.

1644 — Jean-Baptiste Poquelin prend le surnom de **Molière** et devient directeur de l'Illustre-Théâtre, qui, après des représentations en province, s'installe à Paris et joue dans des salles de jeu de paume désaffectées.

1645 — L'Illustre-Théâtre connaît des difficultés financières; Molière est emprisonné au Châtelet pour dettes pendant quelques jours.

1645 — Molière part pour la **province** avec sa troupe. Cette longue période
1658 de treize années est assez mal connue : on a pu repérer son passage à certaines dates dans telle ou telle région, mais on ne possède guère de renseignements sur le répertoire de son théâtre; il est vraisemblable qu'outre des tragédies d'auteurs contemporains (notamment Corneille) Molière donnait de courtes farces de sa composition, dont certaines n'étaient qu'un canevas sur lequel les acteurs improvisaient, à l'italienne. 1645-1653 — La troupe est protégée par le duc d'Epernon, gouverneur de Guyenne. Molière, qui a laissé d'abord la direction au comédien Dufresne, imposé par le duc, prend lui-même (1650) la tête de la troupe : il joue dans les villes du Sud-Ouest (Albi, Carcassonne, Toulouse, Agen, Pézenas), mais aussi à Lyon (1650 et 1652). 1653-1657 — La troupe passe sous la protection du prince de Conti, gouverneur du Languedoc. Molière reste dans les mêmes régions : il joue le personnage de Mascarille dans **deux comédies de lui** (les premières dont nous ayons le texte) : *l'Étourdi,* donné à Lyon en **1655,** *le Dépit amoureux,* à Béziers en **1656.** 1657-1658 — Molière est maintenant protégé par le gouverneur de Normandie; il rencontre Corneille à Rouen; I joue aussi à Lyon et à Grenoble.

1658 — Retour à Paris de Molière et de sa troupe, qui devient « troupe de Monsieur »; le succès d'une représentation (*Nicomède* et une farce) donnée devant le roi (24 octobre) lui fait obtenir la **salle du Petit-Bourbon** (près du Louvre), où il joue en alternance avec les comédiens italiens.

1659 (18 novembre) — Première représentation des *Précieuses ridicules* (après *Cinna*) : grand succès.

1660 — *Sganarelle* (mai). Molière crée, à la manière des Italiens, le personnage de **Sganarelle,** qui reparaîtra, **toujours interprété par lui,** dans plusieurs comédies qui suivront. — Il reprend, son frère étant mort, la survivance de la charge paternelle (tapissier du roi) qu'il lui avait cédée en 1654.

1661 — Molière, qui a dû abandonner le théâtre du Petit-Bourbon (démoli pour permettre la construction de la colonnade du Louvre), s'installe au **Palais-Royal**. *Dom Garcie de Navarre*, comédie héroïque : échec. *L'École des maris* (24 juin) : succès. *Les Fâcheux* (novembre), première comédie-ballet, jouée devant le roi, chez Fouquet, au château de Vaux-le-Vicomte.

1662 — **Mariage** de Molière avec **Armande Béjart** (sœur ou fille de Madeleine), de vingt ans plus jeune que lui. *L'École des femmes* (26 décembre) : grand succès.

1663 — Querelle à propos de l'École des femmes. Molière répond par *la Critique de l' « École des femmes »* (1er juin) et par *l'Impromptu de Versailles* (14 octobre).

1664 — Naissance et mort du premier enfant de Molière : Louis XIV en est le parrain. *Le Mariage forcé* (janvier), comédie-ballet. Du 8 au 13 mai, fêtes de l' « Ile enchantée » à Versailles : Molière, qui anime les divertissements, donne *la Princesse d'Élide* (8 mai) et les trois premiers actes du *Tartuffe* (12 mai) : **interdiction** de donner à Paris cette dernière pièce. Molière joue *la Thébaïde*, de Racine.

1665 — *Dom Juan* (15 février) : malgré le succès, Molière, toujours critiqué par les dévots, retire sa pièce après quinze représentations. Louis XIV donne à la troupe de Molière le titre de « troupe du Roi » avec une pension de 6 000 livres (somme assez faible, puisqu'une bonne représentation au Palais-Royal rapporte, d'après le registre de La Grange, couramment 1 500 livres et que la première du *Tartuffe*, en 1669, rapportera 2 860 livres). *L'Amour médecin* (15 septembre). Brouille avec Racine, qui retire à Molière son *Alexandre* pour le donner à l'Hôtel de Bourgogne.

1666 — Molière, malade, cesse de jouer pendant plus de deux mois ; il loue une maison à Auteuil. *Le Misanthrope* (4 juin). *Le Médecin malgré lui* (6 août), dernière pièce où apparaît Sganarelle. En décembre, fêtes du « Ballet des Muses » à Saint-Germain : *Mélicerte* (2 décembre).

1667 — Suite des fêtes de Saint-Germain : Molière y donne encore *la Pastorale comique* (5 janvier) et *le Sicilien ou l'Amour peintre* (14 février). **Nouvelle version du *Tartuffe***, sous le titre de *l'Imposteur* (5 août) : la pièce est **interdite** le lendemain.

1668 — *Amphitryon* (13 janvier). *George Dandin* (18 juillet). *L'Avare* (9 septembre).

1669 — Troisième version du *Tartuffe* (5 février), enfin **autorisé** : immense succès. Mort du père de Molière (25 février). A Chambord, *Monsieur de Pourceaugnac* (6 octobre).

1670 — *Les Amants magnifiques*, comédie-ballet (30 janvier à Saint-Germain). *Le Bourgeois gentilhomme*, comédie-ballet (14 octobre à Chambord).

1671 — *Psyché*, tragédie-ballet avec Quinault, Corneille et Lully (17 janvier), aux Tuileries, puis au Palais-Royal, aménagé pour ce nouveau spectacle. *Les Fourberies de Scapin* (24 mai). *La Comtesse d'Escarbagnas* (2 décembre à Saint-Germain).

1672 — Mort de Madeleine Béjart (17 février). *Les Femmes savantes* (11 mars). Brouille avec Lully, qui a obtenu du roi le privilège de tous les spectacles avec musique et ballets.

1673 — *Le Malade imaginaire* (10 février). A la quatrième représentation (17 février), Molière, pris en scène d'un malaise, est transporté chez lui, rue de Richelieu, et **meurt** presque aussitôt. N'ayant pas renié sa vie de comédien devant un prêtre, il n'avait, selon la tradition, pas le droit d'être enseveli en terre chrétienne : après intervention du roi auprès de l'archevêque, on l'enterre sans grande cérémonie à 9 heures du soir au cimetière Saint-Joseph.

Molière avait seize ans de moins que Corneille, huit ans de moins que La Rochefoucauld, un an de moins que La Fontaine.
Il avait un an de plus que Pascal, quatre ans de plus que Mme de Sévigné, cinq ans de plus que Bossuet, quatorze ans de plus que Boileau, dix-sept ans de plus que Racine.

MOLIÈRE ET SON TEMPS

	vie et œuvre de Molière	le mouvement intellectuel et artistique	les événements politiques
1622	Baptême à Paris de J.-B. Poquelin (15 janvier).	Succès dramatiques d'Alarcon, de Tirso de Molina en Espagne.	Paix de Montpellier, mettant fin à la guerre de religion en Béarn.
1639	Quitte le collège de Clermont, où il a fait ses études.	Mainard : Odes. Tragi-comédies de Boisrobert et de Scudéry. Naissance de Racine.	La guerre contre l'Espagne et les Impériaux, commencée en 1635, se poursuit.
1642	Obtient sa licence en droit.	Corneille : la Mort de Pompée (décembre). Du Ryer : Esther.	Prise de Perpignan. Mort de Richelieu (4 décembre).
1643	Constitue la troupe de l'Illustre-Théâtre avec Madeleine Béjart.	Corneille : le Menteur. Ouverture des petites écoles de Port-Royal-des-Champs. Arrivée à Paris de Lully.	Mort de Louis XIII (14 mai). Victoire de Rocroi (19 mai). Défaite française en Aragon.
1645	Faillite de l'Illustre-Théâtre.	Rotrou : Saint Genest. Corneille : Théodore, vierge et martyre.	Victoire française de Nördlingen sur les Impériaux (3 août).
1646	Reprend place avec Madeleine Béjart dans une troupe protégée par le duc d'Épernon. Va en province.	Cyrano de Bergerac : le Pédant joué. Saint-Amant : Poésies.	Prise de Dunkerque.
1650	Prend la direction de la troupe, qui sera protégée à partir de 1653 par le prince de Conti.	Saint-Évremond : la comédie des Académistes. Mort de Descartes.	Troubles de la Fronde : victoire provisoire de Mazarin sur Condé et les princes.
1655	Représentation à Lyon de l'Étourdi.	Pascal se retire à Port-Royal-des-Champs (janvier). Racine entre à l'école des Granges de Port-Royal.	Négociations avec Cromwell pour obtenir l'alliance anglaise contre l'Espagne.
1658	Arrive à Paris avec sa troupe, qui devient la « troupe de Monsieur » et occupe la salle du Petit-Bourbon.	Dorimond : le Festin de pierre.	Victoire des Dunes sur les Espagnols. Mort d'Olivier Cromwell.
1659	Représentation triomphale des Précieuses ridicules.	Villiers : le Festin de pierre. Retour de Corneille au théâtre avec Œdipe.	Paix des Pyrénées : l'Espagne cède l'Artois et le Roussillon à la France.
1660	Sganarelle ou le Cocu imaginaire.	Quinault : Stratonice (tragédie). Bossuet prêche le carême aux Minimes.	Mariage de Louis XIV et de Marie-Thérèse. Restauration des Stuarts.
1661	S'installe au Palais-Royal. Dom Garcie de Navarre. L'École des maris. Les Fâcheux.	La Fontaine : Élégie aux nymphes de Vaux.	Mort de Mazarin (8 mars). Arrestation de Fouquet (5 septembre).

1662	Se marie avec Armande Béjart. L'École des femmes.	Corneille : Sertorius. La Rochefoucauld : Mémoires. Mort de Pascal (19 août). Fondation de la manufacture des Gobelins.	Michel Le Tellier, Colbert et Hugues de Lionne deviennent ministres de Louis XIV.
1663	Querelle de l'École des femmes. La Critique de « l'École des femmes ».	Corneille : Sophonisbe. Racine : ode Sur la convalescence du Roi.	Invasion de l'Autriche par les Turcs.
1664	Le Mariage forcé. Interdiction du premier Tartuffe.	Racine : la Thébaïde ou les Frères ennemis.	Condamnation de Fouquet, après un procès de quatre ans.
1665	Dom Juan. L'Amour médecin.	La Fontaine : Contes et Nouvelles. Mort du peintre N. Poussin.	Peste de Londres.
1666	Le Misanthrope. Le Médecin malgré lui.	Boileau : Satires (I à VI). Furetière : le Roman bourgeois. Fondation de l'Académie des sciences.	Alliance franco-hollandaise contre l'Angleterre. Mort d'Anne d'Autriche. Incendie de Londres.
1667	Mélicerte. La Pastorale comique. Le Sicilien. Interdiction de la deuxième version du Tartuffe : l'Imposteur.	Corneille : Attila. Racine : Andromaque. Milton : le Paradis perdu. Naissance de Swift.	Conquête de la Flandre par les troupes françaises (guerre de Dévolution).
1668	Amphitryon. George Dandin. L'Avare.	La Fontaine : Fables (livres I à VI). Racine : les Plaideurs. Mort du peintre Nicolas Mignard.	Fin de la guerre de Dévolution : traités de Saint-Germain et d'Aix-la-Chapelle. Annexion de la Flandre.
1669	Représentation du Tartuffe. Monsieur de Pourceaugnac.	Racine : Britannicus. Fondation de l'Académie royale de musique et de danse.	Mort de Madame. Les états de Hollande nomment Guillaume d'Orange capitaine général.
1670	Les Amants magnifiques. Le Bourgeois gentilhomme.	Racine : Bérénice. Corneille : Tite et Bérénice. Édition des Pensées de Pascal. Mariotte découvre la loi des gaz.	Louis XIV prépare la guerre contre la Hollande.
1671	Psyché. Les Fourberies de Scapin. La Comtesse d'Escarbagnas.	Débuts de la correspondance de Mme de Sévigné avec Mme de Grignan.	Déclaration de guerre à la Hollande. Passage du Rhin (juin).
1672	Les Femmes savantes. Mort de Madeleine Béjart.	Racine : Bajazet. Th. Corneille : Ariane. P. Corneille : Pulchérie.	Conquête de la Hollande. Prise de Maestricht (29 juin).
1673	Le Malade imaginaire. Mort de Molière (17 février).	Racine : Mithridate. Séjour de Leibniz à Paris. Premier grand opéra de Lully : Cadmus et Hermione.	

BIBLIOGRAPHIE SOMMAIRE

OUVRAGES GÉNÉRAUX SUR MOLIÈRE :

Daniel Mornet   *Molière* (Paris, Boivin, 1943).

René Jasinski   *Histoire de la littérature française*, t. Ier (Paris, Boivin, 1947).

Antoine Adam   *Histoire de la littérature française au XVIIe siècle*, t. III (Paris, Domat, 1952).

René Bray   *Molière, homme de théâtre* (Paris, Mercure de France, 1954).

Alfred Simon   *Molière par lui-même* (Paris, Ed. du Seuil, 1957).

SUR LA LANGUE DE MOLIÈRE :

Jean Dubois et   *Dictionnaire de la langue française classique* (Paris, René Lagane   Belin, 1960).

L'ÉCOLE DES FEMMES
1662

NOTICE

CE QUI SE PASSAIT EN 1662

■ **EN POLITIQUE :** *Depuis la mort de Mazarin (1661), Louis XIV est lui-même son Premier ministre ; il est assisté de Michel Le Tellier, Hugues de Lionne. Fouquet, arrêté le 5 septembre 1661, a été remplacé par Colbert : son procès commence en mars 1662. Le roi d'Espagne, depuis l'incident de Londres (1661), a dû reconnaître la préséance de la France ; Louis XIV obtient des excuses de l'Espagne (mars). Il obtient également satisfaction de l'Angleterre à propos du pavillon. Le duc de Créqui, ambassadeur auprès de la cour pontificale, quitte Rome après l'attentat des gardes corses du pape contre le palais de l'ambassadeur (août) ; Alexandre VII doit envoyer un cardinal en France pour y lire une lettre d'excuses.*

Dunkerque est rachetée à Charles II d'Angleterre (27 octobre). — Traité de commerce franco-hollandais.

A la Cour brillent la favorite, Mlle de La Vallière, et Henriette d'Angleterre, femme de Monsieur, frère du roi.

■ **DANS LES LETTRES :** *Racine, qui revient d'Uzès, destine les Amours d'Ovide à l'Hôtel de Bourgogne, qui ne les joue pas. Corneille quitte Rouen pour s'établir définitivement à Paris et donne Sertorius (25 février). Bossuet prêche le carême au Louvre (Sermons sur l'Ambition, sur la Mort). La Fontaine adresse du Limousin une relation de son voyage à sa femme et compose l'Élégie aux Nymphes de Vaux. Cyrano de Bergerac publie l'Histoire comique des Etats et Empires du Soleil ; mort de Pascal (19 août). Arnauld publie la Nouvelle Hérésie et les Illusions des jésuites.*

■ **DANS LES ARTS :** *C'est l'époque des peintres Claude Gellée, dit « le Lorrain », Philippe de Champaigne, Sébastien Bourdon, Nicolas Mignard et son frère René, Le Brun, Van der Meulen, en France ; Murillo en Espagne ; Jordaens et Teniers le Jeune en Flandre. Lully est nommé maître de musique de la famille royale. Le Vau continue la construction du Louvre. Fondation de la manufacture des Gobelins.*

REPRÉSENTATION DE « L'ÉCOLE DES FEMMES »

La pièce, représentée pour la première fois le 26 décembre 1662, réussit à merveille : elle eut au Palais-Royal, entre Noël et le relâche de Pâques, 32 représentations; la recette se maintint entre 1 000 et 1 500 livres presque toujours, sauf à l'époque du carême. L'été suivant, Molière donna encore 32 représentations, dont certaines atteignirent 1 700 livres. Aucune autre pièce de Molière ne rapporta autant à son auteur et à sa troupe. Il faut ajouter les deux représentations au Louvre et les « visites » chez le comte de Soissons, le duc de Richelieu et Colbert. Le 12 mars, Molière reçut du roi la somme de 4 000 livres. Après Pâques, il fut pensionné pour 1 000 livres.

La pièce entra dans le domaine public le 17 mars 1663. Elle fut traduite en anglais, dès 1676, par Caryl et parut à Londres sous le titre de *Sir Salomon*.

Au Théâtre-Français, la pièce a été jouée 1 396 fois de 1680 à 1965. Parmi les mises en scène modernes, celle de Louis Jouvet (1936), dans un décor de Christian Bérard, est particulièrement célèbre (voir les illustrations, p. 27, 69 et 87).

ANALYSE DE LA PIÈCE

(Les scènes principales sont indiquées entre parenthèses.)

■ *ACTE PREMIER.* **L'inutile précaution d'Arnolphe.**

Sur « une place de ville », deux barbons discutent : Arnolphe, quarante-deux ans, vêtu de noir, Chrysalde, autre bourgeois d'allure assez épaisse. Arnolphe veut se marier avec une jeune fille de dix-sept ans. Grande affaire préparée de longue main, car une peur le hante : l'obsession du cocuage. Il s'intéresse à toutes les intrigues galantes, tient tablette des maris trompés. Mais, maintenant, il est sûr de son fait : il a fait nourrir aux champs, comme une « oie », une petite fille à peu près abandonnée. « Dans un petit couvent, loin de toute pratique », il l'a fait « élever selon sa politique ». Bref, c'est une sotte achevée, une « idiote » ignorant tout des choses de la vie, qu'il va épouser demain. Chrysalde est sceptique sur les mérites de la sottise. Une femme sotte saura-t-elle distinguer le bien du mal? L'exposition, comme on le voit, est très rapide et très vivante **(scène première).**

Nous apprenons aussi qu'Arnolphe se fait vaniteusement appeler Monsieur de la Souche, détail insignifiant apparemment, mais sur lequel repose toute l'intrigue.

Le valet Alain et la servante Georgette sont des simples d'esprit, incapables de pervertir Agnès; Arnolphe est donc bien tranquille, et quand Agnès apparaît **(scène III),** elle ne dément pas l'idée qu'il nous a donnée d'elle.

Pourtant, la vérité est tout autre; Arnolphe l'apprend incidemment. Il rencontre sur la place un jeune écervelé, frais débarqué dans la ville, fils d'un de ses amis; le jeune homme s'appelle Horace. Arnolphe lui prête 100 pistoles pour qu'il mette à mal les maris, et apprend de la bouche même d'Horace sa propre infortune. Le jeune homme ignore le second nom d'Arnolphe et lui parle de Monsieur de la Souche comme d'un barbon ridicule. Arnolphe a de la peine à cacher son dépit **(scène IV).**

■ *ACTE II.* **L'enquête d'Arnolphe.**

Arnolphe est décidé à tout savoir et veut interroger Agnès, la servante et le valet. Alain et Georgette, tout tremblants de peur, tombent aux genoux d'Arnolphe, fou de rage. Après s'être péniblement ressaisi, Arnolphe fait parler Agnès. Il l'interroge habilement sur un ton mi-câlin, mi-impérieux : il veut tout savoir. Bribe par bribe, Agnès raconte son aventure, mais hésite longtemps — réticence qui fait tout supposer et met Arnolphe au supplice — à révéler le vol d'un ruban. Aux yeux d'Arnolphe, l'innocence d'Agnès est la vraie cause des risques courus. Il lui révèle que le mariage seul autorise les gentillesses amoureuses et qu'il va la marier dès ce soir. Agnès n'est guère enchantée d'apprendre que le mari qu'on lui destine n'est pas Horace. Arnolphe exige d'elle qu'elle chasse à coup de pierre le blondin qui lui tient encore au cœur **(scène V).**

■ *ACTE III.* **L'échec d'Arnolphe.**

Arnolphe est content. Agnès lui a obéi, elle a jeté une pierre à Horace. Le mariage va avoir lieu ; le notaire est mandé. Commence alors un grotesque cours de mariage et de vertu conjugale : Arnolphe pontifie devant une Agnès silencieuse et impénétrable. Etrange sermon où se mêlent les menaces de l'enfer, la vanité du riche bourgeois, la peur du cocuage mal déguisée sous de mâles assurances. Agnès doit lire et méditer les *Maximes du mariage* **(scène II).** Le triomphe d'Arnolphe est court. Le jeune écervelé, qu'il rencontre sur la place, le détrompe. Le grès était enveloppé d'une lettre, dont Arnolphe doit subir la lecture. Agnès y révèle une âme d'une délicieuse fraîcheur **(scène IV).** Arnolphe coupe court et, seul, déplore son malheur. Il est obligé de s'avouer à lui-même qu'il est amoureux **(scène V).**

■ *ACTE IV.* **La contre-attaque d'Arnolphe.**

Arnolphe est décidé à lutter et à conserver la jeune fille pour lui. Scène de farce avec le notaire, inutile maintenant. Autre scène de farce avec le valet et la servante, dont il veut se faire d'énergiques alliés **(scène IV).** Il transforme sa maison en camp retranché et se comporte en général de ville assiégée. Peine perdue. Horace vient lui raconter que, pendant que Monsieur de la Souche gémissant allait et venait dans la chambre, lui-même était enfermé dans l'armoire par les soins d'Agnès **(scène VI).** Désespoir d'Arnolphe, qui n'arrive pas à s'expliquer la déroute de son expérience et de sa prudence. Survient alors Chrysalde, qu'Arnolphe avait invité à dîner à l'acte premier. Arnolphe cherche à se défaire de lui, mais Chrysalde devine. Il lui fait alors une leçon ironique et burlesque d'indulgence conjugale **(scène VIII).** Après son départ, Arnolphe se prépare au combat. Horace lui a raconté qu'il tenterait d'enlever Agnès ce soir même, en escaladant le balcon; Alain et Georgette lui donneront une volée de coups de bâton.

■ *ACTE V.* **La déroute d'Arnolphe.**

L'aube n'est pas loin. A ce qu'il semble, Horace est mort, assommé par les domestiques. Arnolphe est bien embarrassé, quand brusquement réapparaît le prétendu mort; Arnolphe a été encore dupé. Horace a joué la comédie pour éviter les coups, et, pendant que Monsieur de la Souche avec ses gens se lamentait sur le prétendu meurtre, Agnès, croyant son amoureux mort, était descendue, l'avait retrouvé bien vivant, et était partie avec lui. L'imprudent Horace demande à Arnolphe de lui trouver un refuge pour Agnès **(scène II).** Arnolphe, le bas du visage enveloppé de son manteau, dans la demi-lumière de l'aube, tire la jeune fille par la main, et ne se dévoile que lorsque Horace est parti. Il éclate en véhéments reproches, mais Agnès cette fois réplique et son simple bon sens se révèle supérieur aux mauvaises raisons d'Arnolphe. Alors il s'humilie, joue la comédie de l'amour avec la maladresse grotesque des bourgeois de Molière; Agnès le cingle par un vers terrible :

> Horace avec deux mots en ferait plus que vous?

Il ne lui reste plus qu'à recourir encore une fois à la contrainte **(scène IV).**

La fin, toute romanesque, rappelle d'Amérique le fameux Enrique, auquel en passant, au début de la pièce, une rapide allusion avait été faite. Enrique vient marier sa fille à Horace, fils de son ami Oronte, récemment arrivé lui aussi. Arnolphe, trahissant Horace, pousse Oronte à hâter ce mariage. Par hasard, Horace apprend alors le deuxième nom d'Arnolphe. Le triomphe de ce dernier paraît sûr, quand Enrique l'Américain explique que c'est justement Agnès que l'on veut donner pour femme à Horace et que cette enfant abandonnée est sa fille. Horace l'épousera donc. Et Arnolphe? Il quitte la scène « tout transporté et ne pouvant parler ». Toutes ses précautions étaient inutiles.

SOURCES

Les sources sont nombreuses. Une nouvelle de Boccace (*San Giovanni*) racontait déjà l'histoire d'un jeune séducteur que le mari armait imprudemment de ses conseils. Molière a certainement utilisé *les Facétieuses nuits* de Straparole (Louveau et Larivey les avaient traduites) : on y trouve le thème de l'amant qui se confie imprudemment au mari.

Molière avait lu aussi *la Précaution inutile*, nouvelle de Scarron empruntée à doña María de Zayas y Sotomayor et à Cervantes.

Des détails assez nombreux et même des expressions sont empruntés à cette nouvelle (vers 104, 106, 148, 509).

Molière doit peut-être à Plaute quelques vers de ses *Maximes* (acte III, scène II); mais la plupart de ces dernières ont pour origine sans doute un texte édifiant de saint Grégoire de Nazianze.

Un canevas découvert par Benedetto Croce à la bibliothèque de Naples *(Astuta simplicità di Angiola)* correspond par bien des traits à l'œuvre de Molière. Les lazzi derrière la porte, comme ceux d'Alain et de Georgette, viennent directement de la commedia dell' arte, que Molière connaissait parfaitement.

Horace tire son nom d'Horatio, qui tient l'emploi d'amoureux dans la comédie italienne, et les plaisanteries sur les cornes rappellent les fabliaux. Quant au fameux *le* (acte II, scène V), il est emprunté à une vieille chanson.

Molière, comme tous les classiques, revendique le mérite de la mise en œuvre et n'invente pas le sujet.

L'ACTION

L'intrigue repose entièrement sur un double nom et sur la méprise d'un étourdi qui confie le secret de ses amours à un rival. Quant à l'action proprement dite, elle se passe en dehors de la scène; nous ne voyons pas les révérences d'Agnès qui répondent à celles d'Horace, le jet de la pierre, les allées et venues furibondes d'Arnolphe dans la chambre, les coups de pied au petit chien, l'escalade et la chute. Tout cela nous est raconté, d'une façon d'ailleurs extrêmement pittoresque et dramatique. Ces récits, fort comiques par leur contenu proprement dit, font faire toutes sortes de grimaces à Arnolphe, suscitent chez lui des réactions qui ne peuvent s'exprimer qu'en brèves interjections, en encouragements qu'il se donne à la cantonade; c'est là qu'éclatait sans doute le génie d'acteur de Molière. Sa pièce perdrait beaucoup à la représentation matérielle des événements et à la suppression de ces étranges confidences.

D'autre part, les situations sont amenées par les travers des personnages : la curiosité d'Arnolphe d'abord, puis sa jalousie inquiète et soupçonneuse, la fatuité bavarde d'Horace et sa confiance naïve en un homme qu'il connaît très peu.

Ce que l'auteur classique détaille surtout, ce sont les répercussions psychologiques de ces actions matérielles. On peut ainsi parler d'une évolution propre à chaque personnage. Arnolphe, si sûr de lui au premier acte, croit encore, malgré les premiers succès d'Horace, diriger les événements et redresser Agnès; il reprend son ton de directeur-confesseur, façonne Agnès (du moins il le croit) « comme un morceau de cire », et apprend de son rival la ruse d'Agnès; sa pique d'amour-propre laisse alors deviner une passion qui lui semble honteuse et inavouable. Arnolphe, affolé, s'abandonne à un désespoir violent, transforme sa maison en place forte; sa confiance en ses précautions est bien ébranlée... Le cinquième acte achève l'évolution du personnage; la jalousie a fait sortir l'amour au grand jour; pour conquérir Agnès (il essaye de lui plaire maintenant!), il joue grotesquement l'amoureux; il promet même à la jeune fille de beaux vêtements, du luxe, de l'élégance, la liberté... Trop tard! Agnès en aime un autre. Arnolphe ne se comporte plus alors qu'en jaloux égaré. Ce changement de ton entre Arnolphe et Agnès éclaire toute l'évolution du personnage.

Agnès non plus n'est pas la même. L'innocente du premier acte s'est vite éveillée à l'amour. Elle avoue d'abord sans difficulté la venue d'Horace à Arnolphe; elle ose ensuite écrire une lettre d'amour à Horace; elle prend l'initiative de lui ouvrir sa porte; enfin, elle s'enfuit avec lui. Le désir d'échapper à la captivité, la menace imminente d'un mariage odieux, et surtout l'amour expliquent cette évolution.

Horace lui-même, caractère moins fouillé, au début, se révèle peu à peu et s'enrichit. Ce qui n'était qu'un jeu devient de l'amour et même de la passion.

La fin est plaquée. On l'a dit, c'est exact. Mais n'en accusons pas Molière, comme l'a fait par exemple Voltaire. Ces éléments romanesques étaient exigés par l'usage. Sans eux, il n'était pas en France de grande comédie : servitudes littéraires qui ont pesé sur Molière.

LES CARACTÈRES

Chrysalde n'est pas le porte-parole de Molière. Il serait absurde de croire que Molière conseille aux maris une complaisance ridicule, avec une pareille platitude d'expression. Chrysalde s'amuse, assez lourdement d'ailleurs, par exemple à la scène VIII de l'acte IV : la leçon d'indulgence conjugale et l'apologie du cocuage y sont grassement ironiques. Le gros bon sens bouffon qui s'en dégage n'a d'autre but que de nous faire rire.

Alain et **Georgette** sont des paysans. Bornés, grossiers, ils emploient une langue savoureuse, un peu vieillotte, d'une incorrection parfois comique. Ils ont une peur naturelle des coups; il suffit qu'Arnolphe les menace de les priver de nourriture pour qu'ils se précipitent à la porte et se battent à qui ouvrira le premier. Grossièrement rusés et matois, quand il s'agit d'argent, ils prennent toujours. Il ne leur déplaît pas non plus de donner des coups et des bourrades. Leurs faces — hilares ou effarées —, leurs comparaisons culinaires suscitent le gros rire et introduisent des intermèdes de farce dans la pièce.

Horace, c'est le jeune premier de comédie. Il est élégant, beau, enthousiaste. Mais quelle étourderie! Quelle fatuité! Quelle confiance naïve! La sincérité de son amour, si éclatante à l'acte V (vers 1415-1419), nous le rend franchement sympathique.

Au centre de la pièce, le visage d'**Agnès**. A peine cent cinquante vers lui sont consacrés, et pourtant cela suffit à nous faire longtemps rêver. Certains critiques austères ont voulu voir en elle une malice qui se plaît à affoler, une ingénue inquiétante et sournoise.

Interprétation fausse, certainement. Rappelons-nous le titre de l'*École des femmes*. Qu'est-ce qui éduque les femmes ? Horace nous le dit lui-même : l'amour. Ajoutons aussi, la captivité : Agnès enfermée veut s'échapper ; Agnès brimée s'éprend du premier jeune homme qui lui parle d'amour.

« Les gens libères [...] quand par vile sujétion et contrainte sont déprimés et asservis, détournent la noble affection par laquelle à vertu franchement tendaient, à déposer et enfreindre ce joug de servitude » (Rabelais). Ce que l'on a pris pour de la perfidie n'est que l'effet d'une prudence instinctive qui l'empêche de parler d'Horace, la première, à Arnolphe (acte II, scène V), et si, aux actes suivants, elle ne cesse de mentir n'est-ce pas pour échapper à la prison ? Un oiseau en cage cherche à s'envoler.

Molière a peint en elle, avec une tendresse émue, la naissance d'une âme qui s'éveille à l'amour, à la vie. Quelle délicieuse fraîcheur dans la lettre qu'elle écrit à Horace ! Elle a des mots d'une simplicité coupante, devant lesquels tombent les sophismes d'Arnolphe. A l'acte V,

> Me laissez-vous, Horace, emmener de la sorte ?

nous frôlons l'émotion devant le tragique d'une destinée compromise un instant par la sottise et la tyrannie.

Arnolphe, à quarante-deux ans, est, selon les mœurs du XVIIᵉ siècle, plus vieux que selon les nôtres ; son désir d'épouser Agnès n'a pourtant rien de scandaleux ; ces mariages disproportionnés étaient courants à l'époque : Molière venait d'épouser Armande, et il aurait été bien maladroit de chercher, dans la différence d'âge, l'origine du dégoût d'Agnès ; et, d'ailleurs, à supposer que Molière ait livré sa vie intime sur les planches (nous ne le croyons pas du tout), il ne pouvait prévoir, en 1662, l'année la plus heureuse de son mariage, les chagrins qui le menaçaient.

Arnolphe est bourgeois de petite ville ; cela est plus important ; il est imprégné de l'esprit traditionnel des fabliaux, misogyne, railleur, si opposé à l'idéalisme courtois. La femme est pour lui un être rusé, occupé à tromper, naturellement faible d'esprit, créé pour l'obéissance ; elle s'égare, si elle n'est pas solidement tenue en main. L'émancipation intellectuelle de la femme, qui se prépare timidement chez les précieuses, lui fait horreur. Les compliments galants lui sont étrangers, et, comme tous les bourgeois de Molière, il est incapable de parler d'amour en termes de sentiments ; rien de plus comique que lorsque les événements le contraignent à se montrer plus tendre (voir acte V [vers 1586-1597]). Les mots d'amour lui manquent, et est vulgaire, fait, naturellement burlesque :

> Enfin, à mon amour rien ne peut s'égaler.
> Quelle preuve veux-tu que je t'en donne, ingrate ?

> Me veux-tu voir pleurer ? veux-tu que je me batte ?
> Veux-tu que je m'arrache un côté de cheveux ?

On sent qu'il a honte de son propre amour, mieux, qu'il en a peur. En effet, cette supériorité du sexe masculin, proclamée dans les tirades emphatiques, cache mal chez Arnolphe un sentiment d'infériorité. Pourquoi ne s'est-il pas marié, si ce n'est par peur du cocuage ? Il se repaît avec une espèce de refoulement malsain de toutes les histoires galantes, se moque des maris trompés, propose aux jeunes gens des aventures (voir acte premier, scène IV). Le fond de son caractère, c'est la nervosité inquiète. Rien de plus révélateur que ses crises de colère. « Il étouffe, il est en eau... » « Arnolphe, c'est Sganarelle de *l'École des maris*, un fantoche, petit de taille, sautillant, ironique, pointu, ahuri » (A. Adam). Cette angoisse, il veut la cacher à lui-même et aux autres; il affecte ce ton de conquérant, cette assurance tranchante que les événements, à chaque acte, viennent démentir. Il est alors pitoyable, un mot de plus, il serait émouvant; mais le burlesque domine, car le personnage est bas et même, par son égoïsme cynique, répugnant et odieux. Il salit tout ce qu'il touche, la morale religieuse devient dans sa bouche un instrument d'exploitation à des fins égoïstes. Sa tyrannie se ferait vite brutale, et, n'était ce providentiel hasard qui sauve d'une fin pathétique les comédies de Molière, nous apprendrions que la sottise et la bassesse sont bien capables d'asservir la jeunesse et de jouir de ses souffrances.

MOLIÈRE ACTEUR — LE COMIQUE

Le jeu de Molière, sur lequel nous sommes assez bien renseignés grâce à la polémique de *la Critique de « l'École des femmes »*, confirme cette interprétation du caractère d'Arnolphe. Le jeu de Molière n'était pas plein de vérité et de mesure. Molière avait appris des acteurs italiens l'art du mime : « Il était tout comédien, depuis les pieds jusqu'à la tête. Il semblait qu'il eût plusieurs voix » (Donneau de Visé). Les contemporains ont d'abord vu en lui une survivance de Scaramouche :

> De Scaramouche il a la survivance.
> (Montfleury.)

S'il n'en porte pas le costume noir uni, il lui emprunte deux moustaches épaisses et tombantes et il porte barbe noire (v. illustration, p. 2).

Si Molière n'était pas estimé comme acteur tragique, c'est parce qu'il conservait toujours, malgré lui, certains aspects du bouffon :

> Il vient le nez au vent,
> Les pieds en parenthèse, et l'épaule en avant [...]
> La tête sur le dos comme un mulet chargé,
> Les yeux fort égarés, puis débitant ses rôles
> D'un hoquet éternel séparant ses paroles
> (Montfleury.)

Sa voix, comme ces textes le confirment, n'était pas naturelle; elle prenait parfois des tons très aigus et très extraordinaires. Une espèce de hoquet revenait à la fin de chaque vers.

Molière a créé le type de Sganarelle vers 1660 et c'est ce type qu'il prolonge sous les noms d'Arnolphe et d'Orgon. Ces personnages sont tous « infatués d'eux-mêmes »; leurs idées sont toutes faites. « Ils croient avoir raison contre le monde entier; ils ne voient rien de ce qui se déroule sous leurs yeux; ils rient des avertissements, se moquent des conseils [...], rient d'un rire aigu et nerveux [...], ils vont dans une sorte de rêve, la marche saccadée, les pieds en parenthèse, leur moustache tombante au milieu de leur visage, puis l'illusion se dissipe, le rire du fat meurt en une pitoyable grimace [...]; l'homme s'en va, vaincu, la tête dans les épaules » (A. Adam).

La Critique et la polémique qui s'ensuit notent ces roulements d'yeux extravagants, ces soupirs ridicules, ces larmes niaises. Par elle, nous savons par exemple qu'à la scène II de l'acte II Arnolphe jetait son manteau dans la boue et le piétinait, en proie à une vraie crise de rage. On devine également quel jeu accompagnait les vers 1601-1602 :

> Me veux-tu voir pleurer ? veux-tu que je me batte ?
> Veux-tu que je m'arrache un côté de cheveux ?

C'est donc sur Molière acteur, sur Molière-Arnolphe, que réside le comique de caractère dans cette pièce, et sa construction même vise essentiellement à faire jaillir le ridicule inhérent à ce personnage. Arnolphe est en effet presque toujours en situation comique. Il reçoit pendant quatre actes les confidences de son rival! A l'heure précise où il se dit sûr de sa victoire, il apprend chaque fois son infortune. La répétition de cette déconvenue brutale après une folle confiance en soi accroît encore l'effet, parce que, dès le deuxième acte, elle est attendue : c'est elle qui donne à la pièce sa cadence propre.

Cette comédie (comme le sera plus discrètement *le Misanthrope*, dans la scène du billet) est empreinte aussi d'une espèce de burlesque, qui provient du décalage entre la fausse noblesse du vocabulaire et la substance même des propos tenus. Arnolphe se prend au sérieux, et ce bourgeois couard pastiche le ton solennel des sermons (vers 729-738) ou de la tragédie cornélienne :

> Je suis maître, je parle : allez, obéissez (vers 643).

Enfin, le comique de farce est représenté par les gaillardises rabelaisiennes de Chrysalde ou les balourdises de Georgette et d'Alain.

LA LEÇON MORALE DE « L'ÉCOLE DES FEMMES »

La pièce a souvent été jugée immorale. On s'y moquerait de la famille, du mariage, de la religion. En fait, Arnolphe exploite odieusement l'ignorance de l'enfance, utilise à ses fins, en les rabaissant, la morale et la religion, traite un être humain égal à lui comme un objet, lui refuse le développement intellectuel et moral auquel il a droit. Sans doute représente-t-il l'esprit bourgeois et religieux traditionnel dans la mesure où il méprise la femme, comme une éternelle mineure, où il la juge incapable de distinguer par elle-même le mal du bien, où il se méfie de l'amour; reconnaissons que Molière, qui, dans cette pièce, se montre féministe, a pris parti pour l'éducation des filles, pour les tenants d'une morale et d'une religion plus libérales; il rejoint les précieuses sur ce point. Madeleine de Scudéry critique les hommes « qui ne regardent les femmes que comme les premières esclaves de leur maison ». C'est par la bouche de Chrysalde qu'il pose le mieux le problème moral de *l'École des femmes*, dès la première scène :

> Mais comment voulez-vous, après tout, qu'une bête
> Puisse jamais savoir ce que c'est qu'être honnête ?
> Une femme d'esprit peut trahir son devoir;
> Mais il faut, pour le moins, qu'elle ose le vouloir;
> Et la stupide au sien peut manquer d'ordinaire
> Sans en avoir l'envie, et sans penser le faire (vers 106-107 et 113-116).

La contrainte et l'obéissance inintelligente aux commandements religieux, uniquement fondées sur la menace et la peur, suffisent-elles à maintenir dans le devoir un être humain? *L'École des maris* avait déjà donné une première réponse : la tyrannie de Sganarelle a fait d'Isabelle une révoltée; Ariste, plus âgé pourtant, conquiert Léonore par sa libérale bonté. Arnolphe essuie le même échec que Sganarelle, et d'ailleurs il est de la même race.

Plus et mieux instruite, Agnès aurait peut-être été plus méfiante, plus prudente : elle ne sait même pas, dans les premières scènes, que ses actes peuvent paraître condamnables; aucun sentiment n'a été nourri dans ce jeune cœur; elle ignore le sens des mots amitié, amour, reconnaissance. L'on voit l'enseignement philosophique qu'on peut tirer de cette pièce : il n'est pas d'honnêteté sans connaissance approfondie du bien et du mal, sans libre consentement. Molière, ici, comme bientôt il le fera dans *le Tartuffe*, lutte contre une morale ascétique, trop rigoureuse, au nom de la jeunesse et de la vie; sa pièce était audacieuse; bien qu'il ne fût pas, et de loin, le seul à professer ces idées philosophiques, il y avait de la hardiesse et du courage à les mettre sur la scène : les traditionalistes étaient encore très puissants. Si la querelle de *l'École des femmes* fut surtout le fait de rivaux jaloux, ce sont les thèmes de la pensée traditionaliste qu'ils utilisent contre Molière.

LA QUERELLE DE « L'ÉCOLE DES FEMMES »

L'École des femmes avait rapporté à la troupe beaucoup plus que les pièces précédentes; ce succès valut à Molière sa première querelle, qui ne fut pas la moins dangereuse. L'opposition avait éclaté dès les premières représentations; Corneille l'animait avec les comédiens de l'Hôtel de Bourgogne; ceux-ci venaient assister à la comédie pour manifester bruyamment leur opposition. Boileau, le premier, défendit Molière dans des stances célèbres. (Voir Jugements, à la fin du volume, p. 109.)

Au début de février 1663, un jeune auteur de vingt-cinq ans, Donneau de Visé, s'en prenait vigoureusement à la comédie dans le troisième volume de ses *Nouvelles Nouvelles*.

Le 1er juin, Molière fit jouer la *Critique de « l'École des femmes »* ; l'affluence fut énorme. La pièce nous renseigne sur les griefs faits à Molière : la vulgarité, l'obscénité, le défaut de construction, l'incohérence des caractères, et surtout l'irréligiosité grotesque du sermon. On avait vu dans les *Maximes* une parodie des Dix Commandements : l'attaque était extrêmement dangereuse.

La Critique, que nous ne résumerons pas[1], attira à Molière de nouvelles attaques. On prétend que d'Armagnac lui fit tourner la perruque sur la tête, et que La Feuillade lui ensanglanta le visage en le frottant sur les boutons de son habit.

Boursault, un inconnu, poussé par les Corneille, fit jouer le *Portrait du peintre* (septembre 1663), où il ressasse toujours les mêmes griefs ; à la représentation, on chantait une espèce de chanson infâme, qui s'en prenait à la vie privée de Molière. Donneau de Visé écrivit encore *Zélinde ou la Critique de « la Critique »* ; il signalait surtout l'impiété de Molière.

Molière réplique par *l'Impromptu de Versailles*, joué devant le roi le 18 ou le 19 octobre. C'est, en effet, le roi lui-même qui, dans toute cette querelle, semble avoir apporté à Molière l'appui indispensable. Le 12 mars, Molière avait reçu du roi la somme de 4 000 livres ; après Pâques, il fut pensionné de 1 000 livres. *La Critique* avait été habilement dédiée à la reine mère.

Donneau de Visé répondit (novembre 1663) à *l'Impromptu* par la *Vengeance du marquis*, pièce d'une remarquable platitude, mais très violente contre Molière. Enfin, Montfleury, le fils du célèbre acteur tragique, poussé par le duc d'Enghien, fit jouer (décembre 1663) *l'Impromptu de l'Hôtel de Condé*, pièce assez intéressante, où Montfleury visait surtout le jeu de Molière et ses talents d'acteur, pièce précieuse pour nous, d'où nous tirons maint renseignement sur Molière comédien.

La querelle s'essouffle alors, et nous ne signalons plus que pour mémoire l'attaque de Robinet ou la défense de Chevalier.

Le 12 mai 1664 commence la querelle du *Tartuffe*; on voit la liaison entre la querelle de *l'École des femmes* et cette pièce contre les hypocrites.

---

1. On trouvera à la fin de ce volume quelques textes essentiels sur la querelle de *l'École des femmes*. On consultera aussi le volume de la collection des « Classiques Larousse » qui contient le texte intégral de la *Critique de « l'École des femmes »* et de *l'Impromptu de Versailles*, ainsi que d'importants extraits empruntés aux pièces écrites par les adversaires de Molière.

REMARQUES SUR LE VOCABULAIRE
DE « L'ÉCOLE DES FEMMES »

Malgré la diversité de vocabulaire et de ton, qui caractérise le langage des différents personnages (rudesse patoisante d'Alain et de Georgette, distinction d'Horace, simplicité d'Agnès, vulgarité bourgeoise d'Arnolphe et de Chrysalde), on peut relever certains mots qui, par leur sens et leur fréquence, constituent les thèmes essentiels de la pièce. Ces mots-thèmes sont marqués d'un astérisque dans le texte.

L'**honneur** est la première préoccupation d'Arnolphe, puisqu'il s'agit de la réputation d'une femme mariée, qui reste fidèle à ses devoirs (vers 656, 733, 766, 790) ou, ce qui lui importe encore plus, de la réputation d'un mari, à qui sa femme ne fait aucun affront (vers 250, 724, 725, 831, 1095, 1097); c'est en ce dernier sens que Chrysalde emploie aussi ce mot pour donner la réplique à Arnolphe (vers 1231, 1235, 1320). L'**honnêteté**, désignant la stricte soumission de la femme aux principes de la pudeur et de la chasteté, revient souvent dans le vocabulaire d'Arnolphe (vers 106, 609, 658), ainsi que l'adjectif **honnête** (vers 108, 248, 747, 1111) et l'adverbe **honnêtement** (vers 634).

Les « qualités » qu'Arnolphe estime dans une femme, c'est qu'elle soit une **sotte** (vers 81, 82, 104, 119, 1544, 1559), ce que Chrysalde traduit par **stupide** (vers 103, 115), tout comme Horace (**stupidité,** vers 954). La femme doit être tenue dans une **ignorance** (vers 100, 248) dont s'indigne Horace (vers 321, 933, 954) et dont Agnès elle-même a conscience (lettre d'Agnès). L'état de simplicité naïve dans lequel Arnolphe veut maintenir Agnès s'exprime surtout par les mots **innocence** (vers 79, 156, 163, 589, 647, 813, 1412), **innocente** (vers 140, 543, 909, 979, 1187), **ingénuité** (vers 478); Horace reprend les mêmes mots (vers 943), mais sans nuance défavorable. Quant à la **simplicité** d'Agnès, elle est évoquée aussi bien par Arnolphe (vers 159, 817) que par Horace (vers 899; adjectif *simple,* vers 319), mais non plus sur le même ton.

Arnolphe a tout un vocabulaire pour désigner d'une manière générale les jeunes gens qui cherchent à plaire aux femmes, et Horace en particulier : **galant** (vers 35, 38, 292, 591, 1102, 1227, 1254, 1262, 1350, 1489, 1495, 1500, 1508, 1720; pris comme adjectif vers 773, 1210); **blondin** (vers 596, 645, 722, 1208, 1561); **damoiseau** (vers 33, 378, 651); **godelureau** (vers 1011); **séducteur** (vers 546; adjectif, vers 645).

Quant à Horace, il n'a guère que le mot **jaloux** pour désigner Arnolphe (vers 335, 342, 889, 925, 1151, 1386). Alain et Georgette découvriront aussi que **jaloux** et **jalousie** définissent bien Arnolphe (vers 423, 425, 427).

ÉPÎTRE

À MADAME[1]

MADAME,

Je suis le plus embarrassé homme du monde lors qu'il me faut dédier un livre, et je me trouve si peu fait au style d'épître dédicatoire que je ne sais par où sortir de celle-ci. Un autre auteur qui serait à ma place trouverait d'abord cent belles choses à dire à VOTRE ALTESSE ROYALE sur le titre de l'ÉCOLE DES FEMMES et l'offre qu'il vous en ferait. Mais pour moi, MADAME, je vous avoue mon faible[2]. Je ne sais point cet art de trouver des rapports entre des choses si peu proportionnées; et, quelques belles lumières que mes confrères les auteurs me donnent tous les jours sur de pareils sujets, je ne vois point ce que VOTRE ALTESSE ROYALE pourrait avoir à démêler avec la comédie[3] que je lui présente. On n'est pas en peine, sans doute, comment[4] il faut faire pour vous louer. La matière, MADAME, ne saute que trop aux yeux, et, de quelque côté qu'on vous regarde, on rencontre gloire sur gloire et qualités sur qualités. Vous en avez, MADAME, du côté du rang et de la naissance, qui vous font respecter de toute la terre. Vous en avez du côté des grâces et de l'esprit et du corps, qui vous font admirer de toutes les personnes qui vous voient. Vous en avez du côté de l'âme, qui, si l'on ose parler ainsi, vous font aimer de tous ceux qui ont l'honneur d'approcher de vous, je veux dire cette douceur pleine de charmes dont vous daignez tempérer la fierté des grands titres que vous portez; cette bonté toute obligeante, cette affabilité généreuse, que vous faites paraître pour tout le monde[5], et ce sont particulièrement ces dernières pour qui je suis, et dont je sens fort bien que je ne me pourrai taire quelque jour. Mais, encore une fois, MADAME, je ne sais point le biais de faire entrer ici des vérités si éclatantes, et ce sont choses, à mon avis,

---

1. Il s'agit d'Henriette d'Angleterre, femme de Monsieur (1644-1670). Intelligente et fine, elle s'intéressait à la littérature. Racine devait lui dédier *Andromaque*; 2. *Faible* : incapacité; 3. Habileté de Molière. Le sujet assez libre de *l'Ecole des femmes* n'a aucune « proportion » avec la noblesse et la distinction de Madame. Elle peut donc accepter la dédicace de la comédie; 4. *Comment*, latinisme : « de savoir comment »; 5. Les flatteries sont la règle dans les dédicaces, mais, pour une fois, elles paraissent être l'expression à peine exagérée de la vérité (voir Bossuet, *Oraison funèbre d'Henriette d'Angleterre*).

et d'une trop vaste étendue et d'un mérite trop relevé pour les vouloir[1] renfermer dans une épître et les mêler avec des bagatelles. Tout bien considéré, MADAME, je ne vois rien à faire ici pour moi que de dédier simplement ma comédie, et de vous assurer, avec tout le respect qu'il m'est possible, que je suis de VOTRE ALTESSE ROYALE,

MADAME,

Le très-humble, très-obéissant et très-obligé serviteur,

J.-B. MOLIÈRE.

---

1. Nous dirions : pour que je veuille.

PRÉFACE

Bien des gens[1] ont frondé[2] d'abord cette comédie; mais les rieurs ont esté pour elle, et tout le mal qu'on en a pû dire n'a pû faire qu'elle n'ait eu un succez dont je me contente. Je sçay qu'on attend de moy, dans cette impression, quelque preface qui responde aux censeurs, et rende raison de mon ouvrage; et sans doute que je suis assez redevable à toutes les personnes qui luy ont donné leur approbation pour me croire obligé de deffendre leur jugement contre celuy des autres; mais il se trouve qu'une grande partie des choses que j'aurois à dire sur ce sujet est déjà dans une dissertation[3] que j'ay faite en dialogue, et dont je ne sçay encore ce que je feray. L'idée de ce dialogue, ou, si l'on veut, de cette petite comédie, me vint aprés les deux ou trois premieres representations de ma piece. Je la dis, cette idée, dans une maison où je me trouvay un soir, et d'abord une personne de qualité[4], dont l'esprit est assez connu dans le monde, et qui me fait l'honneur de m'aymer, trouva le projet assez à son gré, non seulement pour me solliciter d'y mettre la main, mais encore pour l'y mettre luy-mesme; et je fus estonné que deux jours aprés il me monstra toute l'affaire executée[5] d'une maniere, à la verité, beaucoup plus galante et plus spirituelle que je ne puis faire, mais où je trouvay des choses trop advantageuses pour moy; et j'eus peur que, si je produisois cet ouvrage sur nostre theatre, on ne m'accusast d'abord d'avoir mendié les loüanges qu'on m'y donnoit. Cependant cela m'empescha, par quelque consideration, d'achever ce que j'avois commencé. Mais tant de gens me pressent tous les jours de le faire que je ne sçay ce qui en sera, et cette incertitude est cause que je ne mets point dans cette préface ce qu'on verra dans la *Critique*, en cas que je me resolve à la faire paroistre. S'il faut que cela soit, je le dis encore, ce sera seulement pour vanger le public du chagrin délicat de certaines gens : car, pour moy, je m'en tiens assez vangé par la réussite[6] de ma comedie, et je souhaite que toutes celles que je pourray faire soient traitées par eux comme celle-cy, pourveu que le reste suive de mesme.

---

1. Les ennemis de Molière furent nombreux : Donneau de Visé, Boursault, Montfleury, etc. (voir Notice, p. 18 et 19); 2. Les Frondes étaient encore récentes; elles avaient pris fin en 1653, et le mot *fronder* gardait encore son actualité; 3. Il s'agit de *la Critique de « l'Ecole des femmes »*, représentée le 10 juin 1663; 4. L'abbé Du Buisson, assez connu dans les ruelles; 5. Cette pièce ne fut jamais jouée; 6. Le succès fut en effet éclatant. La pièce rapporta en trois mois 24 929 livres. La jalousie des comédiens de l'Hôtel de Bourgogne fut une des origines de la querelle.

ARNOLPHE autrement **M. de la Souche**.

AGNÈS jeune fille innocente[2] élevée par Arnolphe.

HORACE amant d'Agnès.

ALAIN paysan, valet d'Arnolphe.

GEORGETTE paysanne, servante d'Arnolphe.

CHRYSALDE ami d'Arnolphe. *LA PORTE-PAROLE DE MOLIÈRE comme DRAMATURGE*

ENRIQUE beau-frère de Chrysalde.

ORONTE père d'Horace et grand ami d'Arnolphe.

LE NOTAIRE

LA SCÈNE EST DANS UNE PLACE DE VILLE[3]

---

1. Pour la première représentation, la distribution des rôles était la suivante : *Arnolphe*, Molière ; *Agnès*, Mlle de Brie ; *Horace*, Lagrange ; *Alain*, Brécourt ; *Georgette*, Mlle Lagrange ; **2.** Notez pour l'interprétation correcte du personnage d'Agnès l'importance de l'adjectif *innocente* ; **3.** La pièce se déroule dans une ville importante (voir vers 289-290), qui pourrait être une ville de province plutôt que Paris ; remarquez la simplicité du décor : « Deux maisons sur le devant. Il faut une chaise, une bourse et des jetons. » Ce cadre, celui de la comedia dell'arte, est celui des premières farces de Molière comme *la Jalousie du Barbouillé*. Dans les grandes comédies, au contraire, souvent le théâtre représente l'appartement cossu d'une maison bourgeoise (*l'Avare*) ou d'un hôtel particulier (*le Misanthrope*).

L'ÉCOLE DES FEMMES

ACTE PREMIER

Scène première. — CHRYSALDE, ARNOLPHE[1].

CHRYSALDE

Vous venez, dites-vous, pour lui donner la main[2]?

ARNOLPHE

Oui, je veux terminer la chose dans[3] demain.

CHRYSALDE

Nous sommes ici seuls, et l'on peut, ce me semble,
Sans crainte d'être ouïs, y discourir ensemble.
5 Voulez-vous qu'en ami je vous ouvre mon cœur?
Votre dessein pour vous me fait trembler de peur;
Et, de quelque façon que vous tourniez l'affaire,
Prendre femme est à vous[4] un coup bien téméraire.

ARNOLPHE

Il est vrai, notre ami, peut-être que chez vous
10 Vous trouvez des sujets de crainte pour chez nous;
Et votre front, je crois, veut que du mariage
Les cornes soient partout l'infaillible apanage[5].

CHRYSALDE

Ce sont coups du hasard, dont on n'est point garant
Et bien sot, ce me semble, est le soin qu'on en prend.
15 Mais, quand je crains pour vous, c'est cette raillerie
Dont cent pauvres maris ont souffert la furie;
Car enfin vous savez qu'il n'est grands ni petits
Que de votre critique on ait vus garantis;
Car vos plus grands plaisirs sont, partout où vous êtes,
20 De faire cent éclats des intrigues secrètes...

---

1. Saint Arnolphe était le patron des maris trompés. L'expression « devoir une chandelle à saint Arnolphe » était fréquente ; 2. *Lui donner la main* : l'épouser ; 3. D'ici demain. Rapprochez des expressions : « dans huit jours », « dans une heure » ; 4. *A vous* : de votre part ; 5. *Apanage* : au sens figuré, ce qui est le privilège de quelqu'un ou de quelque chose. Les cornes sont le symbole ridicule des maris trompés. L'expression est un peu gauloise.

——— QUESTIONS ———

● VERS 1-8. Comment le sujet est-il posé ? Dans quelles limites de temps l'action doit-elle se dérouler ? N'est-ce pas un sujet traditionnel ?

ARNOLPHE

Fort bien : est-il au monde une autre ville aussi
Où l'on ait des maris si patients qu'ici?
Est-ce qu'on n'en voit pas de toutes les espèces,
Qui sont accommodés[1] chez eux de toutes pièces?
25 L'un amasse du bien, dont sa femme fait part
A ceux qui prennent soin de le faire cornard;
L'autre, un peu plus heureux, mais non pas moins infâme,
Voit faire tous les jours des présents à sa femme,
Et d'aucun soin jaloux n'a l'esprit combattu
30 Parce qu'elle lui dit que c'est pour sa vertu.
L'un fait beaucoup de bruit, qui ne lui sert de guères;
L'autre en toute douceur laisse aller les affaires,
Et, voyant arriver chez lui le damoiseau*,
Prend fort honnêtement ses gants et son manteau.
35 L'une de son galant*, en adroite femelle,
Fait fausse confidence à son époux fidèle,
Qui dort en sûreté sur un pareil appas,
Et le plaint, ce galant*, des soins qu'il ne perd pas;
L'autre, pour se purger[2] de sa magnificence,
40 Dit qu'elle gagne au jeu l'argent qu'elle dépense,
Et le mari benêt, sans songer à quel jeu,
Sur les gains qu'elle fait rend des grâces à Dieu.
Enfin ce sont partout des sujets de satire;
Et, comme spectateur, ne puis-je pas en rire?
45 Puis-je pas[3] de nos sots...

CHRYSALDE

Oui; mais qui rit d'autrui
Doit craindre qu'en revanche on rie aussi de lui.
J'entends parler le monde, et des gens se délassent
A venir débiter les choses qui se passent;

---

1. *Accommoder* : traiter bien ou mal, de la part d'un aubergiste. Ex. : *Cet aubergiste accommode bien ses hôtes;* d'où, au sens figuré, *accommoder de toutes pièces,* traiter de toutes façons. Voir *l'Avare* : « On ne saurait aller nulle part où l'on ne vous entende accommoder de toutes pièces » (III, I); 2. *Se purger* : se justifier (courant au XVIIᵉ siècle); 3. *Puis-je pas* : l'ellipse de *ne* est usuelle dans la langue parlée.

─────── QUESTIONS ───────

● VERS 9-45. Le premier trait de caractère d'Arnolphe : est-ce un simple travers ou une manie? Commentez les vers 9-10, 19-20. — L'esprit d'observation d'Arnolphe (vers 25-52). Suffit-il à faire de lui un moraliste? Est-il simple *spectateur* (vers 44)? Quel plaisir tire-t-il de toutes ses constatations?

ARNOLPHE et CHRYSALDE

Théâtre de l'Athénée (1936).

A gauche, Arnolphe (Louis Jouvet), en bon bourgeois, est chaudement et ridiculement affublé. Remarquer l'attitude raide, le regard braqué et défiant. Ces manières sèches et mécaniques, propres à Jouvet, sont tout à fait conformes au génie de Molière, qui fut probablement, dans ses interprétations, une sorte de mime génial.

Mais, quoi que l'on divulgue aux endroits où je suis,
50 Jamais on ne m'a vu triompher de ces bruits;
J'y suis assez modeste[1]; et, bien qu'aux occurences[2]
Je puisse condamner certaines tolérances,
Que mon dessein ne soit de souffrir nullement
Ce que d'aucuns maris souffrent paisiblement,
55 Pourtant je n'ai jamais affecté[3] de le dire :
Car enfin il faut craindre un revers de satire[4]
Et l'on ne doit jamais jurer, sur de tels cas,
De ce qu'on pourra faire ou bien ne faire pas.
Ainsi, quand à mon front, par un sort qui tout mène,
60 Il serait arrivé quelque disgrâce humaine,
Après mon procédé, je suis presque certain
Qu'on se contentera de s'en rire sous main[5];
Et peut-être qu'encor j'aurai cet avantage
Que quelques bonnes gens diront que c'est dommage.
65 Mais de vous, cher compère, il en est autrement :
Je vous le dis encor, vous risquez diablement.
Comme sur les maris accusés de souffrance[6]
De tout temps votre langue a daubé d'importance,
Qu'on vous a vu contre eux un diable déchaîné,
70 Vous devez marcher droit pour n'être point berné;
Et, s'il faut que sur vous on ait la moindre prise,
Gare qu'aux carrefours on ne vous tympanise[7],
Et...

ARNOLPHE

Mon Dieu, notre ami, ne vous tourmentez point;
Bien huppé[8] qui pourra m'attraper sur ce point.
75 Je sais les tours rusés et les subtiles trames
Dont, pour nous en[9] planter, savent user les femmes,

---

1. « Je me montre assez réservé en cette matière »; 2. *Aux occurences* :
à l'occasion; 3. *Affecter de* : chercher complaisamment à; 4. *Revers de
satire* : retournement de la situation où le railleur donnerait à son tour prise
à la moquerie; 5. *Rire sous main* : le visage caché (rapprochez de : « rire
sous cape »); 6. *Souffrance* : infortune (ou peut-être complaisance coupable);
7. *Tympaniser* : battre le tambour; d'où faire un bruit moqueur au passage
de quelqu'un, le railler publiquement; 8. *Huppé* : habile, bien malin qui....
(rapprochez de l'expression proverbiale : « Les plus huppés y sont pris »);
9. *En* : des cornes.

● QUESTIONS

● VERS 45-72. Chrysalde ne trouve que des arguments bas pour justifier
sa réserve et critiquer les railleries d'Arnolphe : relevez-les. En quoi le
personnage est-il comique ? Pourquoi est-il cependant plus sympathique
qu'Arnolphe ?

Et comme on est dupé par leurs dextérités ;
Contre cet accident j'ai pris mes sûretés,
Et celle que j'épouse a toute l'innocence[1]*
80 Qui peut sauver mon front de maligne influence[2].

CHRYSALDE

Et que prétendez-vous qu'une sotte*, en un mot...

ARNOLPHE

Épouser une sotte* est pour n'être point sot[3].
Je crois, en bon chrétien, votre moitié fort sage ;
Mais une femme habile est un mauvais présage,
85 Et je sais ce qu'il coûte à de certaines gens
Pour avoir pris les leurs avec trop de talents.
Moi, j'irais me charger d'une spirituelle
Qui ne parlerait rien que cercle et que ruelle[4],
Qui de prose et de vers ferait de doux écrits[5],
90 Et que visiteraient marquis et beaux esprits,
Tandis que, sous le nom du mari de Madame,
Je serais comme un saint que pas un ne réclame[6] ?
Non, non, je ne veux point d'un esprit qui soit haut,
Et femme qui compose en sait plus qu'il ne faut.
95 Je prétends que la mienne, en clartés[7] peu sublime,
Même ne sache pas ce que c'est qu'une rime,
Et s'il faut qu'avec elle on joue au corbillon[8],
Et qu'on vienne à lui dire à son tour : « Qu'y met-on ? »
Je veux qu'elle réponde : « Une tarte à la crème » ;
100 En un mot qu'elle soit d'une ignorance* extrême ;
Et c'est assez pour elle, à vous en bien parler,
De savoir prier Dieu, m'aimer, coudre et filer.

CHRYSALDE

Une femme stupide* est donc votre marotte[9] ?

---

1. *Innocence* : simplicité et ignorance des choses de la vie ; 2. *Maligne influence* : fluide astral dangereux. Terme d'astrologie ; 3. C'est pour n'être point sot (cocu) que j'épouse une sotte (innocente). Jeu de mots ; 4. *Cercle* : groupe de personnes qui se réunissent pour bavarder. *Ruelle* : alcôve où les précieuses recevaient ; 5. *Doux écrits* : lettres d'amour ; 6. Expression proverbiale : un saint oublié, qu'on n'invoque plus, à qui l'on ne fait aucune offrande ; 7. *Clartés* : connaissances ; 8. *Corbillon* : jeu de société, où l'on doit répondre par un mot rimant en *on* à la demande : Que met-on dans mon corbillon ? 9. *Marotte* : sceptre des fous de cour. Ici, comme dans la langue familière, manie ridicule.

── QUESTIONS ──

● Vers 72-80. L'assurance tranchante d'Arnolphe : quel autre trait de caractère révèle-t-elle ?

ARNOLPHE

Tant, que j'aimerais mieux une laide bien sotte*
105 Qu'une femme fort belle avec beaucoup d'esprit.

CHRYSALDE

L'esprit et la beauté...

ARNOLPHE

L'honnêteté* suffit.

CHRYSALDE

Mais comment voulez-vous, après tout, qu'une bête
Puisse jamais savoir ce que c'est qu'être honnête*?
Outre qu'il est assez ennuyeux, que je croi[1],
110 D'avoir toute sa vie une bête avec soi,
Pensez-vous le bien prendre, et que sur votre idée
La sûreté d'un front puisse être bien fondée?
Une femme d'esprit peut trahir son devoir;
Mais il faut, pour le moins, qu'elle ose le vouloir;
115 Et la stupide* au sien peut manquer d'ordinaire
Sans en avoir l'envie, et sans penser le faire.

ARNOLPHE

A ce bel argument, à ce discours profond,
Ce que Pantagruel à Panurge[2] répond :
Pressez-moi de me joindre à femme autre que sotte*;
120 Prêchez, patrocinez[3] jusqu'à la Pentecôte,

---

1. *Croi* : licence orthographique, d'ailleurs conforme à l'étymologie et qui n'est autorisée qu'à la rime ; 2. Pantagruel dit à Panurge : « Prêchez et patrocinez d'ici à la Pentecôte, enfin vous serez ébahi comment rien ne me aurez persuadé... » (Rabelais, *Tiers Livre*, chap. v.) ; 3. *Patrociner* : parler comme un avocat (en latin *patronus causae*).

─────── QUESTIONS ───────

● VERS 81-106. Pourquoi Arnolphe redoute-t-il tellement les « intellectuelles » ? A quel genre de femmes vont ses préférences (vers 95-102) ? Y a-t-il forcément opposition entre l'honnêteté d'une part, l'esprit et la beauté de l'autre ? En quoi Arnolphe s'écarte-t-il (vers 104-105) de l'opinion communément admise ? L'antiféminisme d'Arnolphe a-t-il une base philosophique ?
● VERS 107-123. Cette tirade ne pose-t-elle pas le problème capital ? L'honnêteté n'exige-t-elle pas de l'intelligence et de l'instruction ? Montrez comment les vers 115-116 préparent la suite de la pièce. — Quel trait d'Arnolphe se confirme dans sa réponse (vers 117-122) ? La référence à Rabelais donne-t-elle valeur d'argument à sa réponse ?

Vous serez ébahi, quand vous serez au bout,
Que vous ne m'aurez rien persuadé du tout.

CHRYSALDE

Je ne vous dis plus mot.

ARNOLPHE

Chacun a sa méthode.
En femme, comme en tout, je veux suivre ma mode.
125 Je me vois riche assez pour pouvoir, que je crois,
Choisir une moitié qui tienne tout de moi
Et de qui la soumise et pleine dépendance
N'ait à me reprocher aucun bien ni naissance[1].
Un air doux et posé, parmi d'autres enfants,
130 M'inspira de l'amour pour elle dès quatre ans :
Sa mère se trouvant de pauvreté pressée,
De la lui demander il me vint la pensée,
Et la bonne paysanne[2], apprenant mon désir,
A s'ôter cette charge eut beaucoup de plaisir.
135 Dans un petit couvent, loin de toute pratique[3],
Je la fis élever selon ma politique,
C'est-à-dire ordonnant quels soins on emploierait
Pour la rendre idiote autant qu'il se pourrait.
Dieu merci, le succès a suivi mon attente.
140 Et, grande, je l'ai vue à tel point innocente*
Que j'ai béni le Ciel d'avoir trouvé mon fait[4],
Pour me faire une femme au gré de mon souhait.
Je l'ai donc retirée, et, comme ma demeure
A cent sortes de monde est ouverte à toute heure,
145 Je l'ai mise à l'écart, comme il faut tout prévoir,
Dans cette autre maison, où nul ne me vient voir ;
Et, pour ne point gâter sa bonté naturelle,
Je n'y tiens que des gens tout aussi simples qu'elle.
Vous me direz : « Pourquoi cette narration ? »
150 C'est pour vous rendre instruit de ma précaution.
Le résultat de tout est qu'en ami fidèle,
Ce soir, je vous invite à souper[5] avec elle :
Je veux que vous puissiez un peu l'examiner,

---

1. Une femme acariâtre pouvait reprocher à son mari la dot qu'elle lui avait apportée ou se plaindre d'avoir fait une mésalliance ; 2. Prononcez ici « pai-sanne » ; 3. *Pratique* : relation avec les autres ; 4. *Mon fait* : mon affaire ; ici, « une jeune fille qui me convînt » ; 5. *Souper* : dîner.

Et voir si de mon choix on me doit condamner.

CHRYSALDE

155 J'y consens.

ARNOLPHE

Vous pourrez, dans cette conférence,
Juger de sa personne et de son innocence*.

CHRYSALDE

Pour cet article-là, ce que vous m'avez dit
Ne peut...

ARNOLPHE

La vérité passe encor mon récit.
Dans ses simplicités* à tous coups je l'admire,
160 Et parfois elle en dit dont je pâme de rire.
L'autre jour (pourrait-on se le persuader?)
Elle était fort en peine, et me vint demander
Avec une innocence* à nulle autre pareille,
Si les enfants qu'on fait se faisaient par l'oreille.

CHRYSALDE

165 Je me réjouis fort, Seigneur Arnolphe...

ARNOLPHE

Bon!

Me voulez-vous toujours appeler de ce nom?

CHRYSALDE

Ah! malgré que j'en aie, il me vient à la bouche,
Et jamais je ne songe à Monsieur de la Souche.
Qui diable vous a fait aussi vous aviser,
170 A quarante et deux ans, de vous débaptiser,
Et d'un vieux tronc pourri de votre métairie

────── **QUESTIONS** ──────

● Vers 123-154. Comment Molière justifie-t-il ce récit (vers 149-154)?
Est-il vraisemblable qu'Arnolphe n'ait jamais parlé de tout cela à son
ami Chrysalde? Quelle raison peut-il avoir de faire maintenant cette
révélation? — Le ton et le rythme du récit d'Arnolphe : comment
donne-t-il force d'évidence aux décisions qu'il a prises et exécutées? —
Sa tyrannie ne cache-t-elle pas, assez mal d'ailleurs, une réelle faiblesse?
— La « méthode » d'éducation appliquée à Agnès a-t-elle tenu compte
de la personnalité de l'enfant? — Comment se pose pour Arnolphe le
problème des droits de la femme? — A-t-elle droit à l'instruction, à
l'épanouissement de sa personnalité?
● Vers 158-165. Le comique gaulois de l'anecdote des vers 158-164 ne
révèle-t-il pas aussi la bassesse d'Arnolphe?

Vous faire dans le monde un nom de seigneurie[1]?

ARNOLPHE

Outre que la maison par ce nom se connaît,
La Souche plus qu'Arnolphe à mes oreilles plaît.

CHRYSALDE

175 Quel abus de quitter le vrai nom de ses pères
Pour en vouloir prendre un bâti sur des chimères!
De la plupart des gens c'est la démangeaison;
Et, sans vous embrasser dans la comparaison,
Je sais un paysan qu'on appelait Gros-Pierre,
180 Qui, n'ayant pour tout bien qu'un seul quartier de terre,
Y fit tout à l'entour faire un fossé bourbeux,
Et de Monsieur de l'Isle[2] en prit le nom pompeux.

ARNOLPHE

Vous pourriez vous passer d'exemples de la sorte;
Mais enfin de la Souche est le nom que je porte,
185 J'y vois de la raison, j'y trouve des appas,
Et m'appeler de l'autre est ne m'obliger pas.

CHRYSALDE

Cependant la plupart ont peine à s'y soumettre
Et je vois même encor des adresses de lettre...

ARNOLPHE

190 Je le souffre aisément de qui n'est pas instruit :
Mais vous...

CHRYSALDE

Soit. Là-dessus nous n'aurons point de bruit[3],
Et je prendrai le soin d'accoutumer ma bouche
A ne plus vous nommer que Monsieur de la Souche.

ARNOLPHE

Adieu. Je frappe ici pour donner le bonjour

---

1. Un nom de seigneur, de noble possesseur d'un domaine sur lequel il exerce ses droits seigneuriaux. — Exemple de vanité bourgeoise (voir *le Bourgeois gentilhomme*). Bien des noms indiquent que cet usage était fréquent (voir Dumoulin, Dutertre) ; **2.** Allusion précise au frère du grand Corneille, Thomas, qui avait pris le nom de Corneille de l'Isle. Les frères Corneille furent vexés de l'allusion ; **3.** *Bruit :* discussion.

Et dire seulement que je suis de retour.

CHRYSALDE, *s'en allant.*

195 Ma foi, je le tiens fou de toutes les manières.

ARNOLPHE

Il est un peu blessé[1] sur certaines matières.
Chose étrange de voir comme avec passion
Un chacun est chaussé[2] de son opinion!
Holà!...

SCÈNE II. — ALAIN, GEORGETTE, ARNOLPHE.

ALAIN

Qui heurte[3]?

ARNOLPHE

Ouvrez. On aura, que je pense,
200 Grande joie à me voir après dix jours d'absence.

ALAIN

Qui va là?

ARNOLPHE

Moi.

ALAIN

Georgette?

GEORGETTE

Hé bien?

_____

1. *Blessé :* avoir le cerveau blessé, être un peu fou ; 2. Rapprochez de
« coiffé de » ; 3. *Heurter :* frapper à la porte avec le heurtoir.

──────── QUESTIONS ────────

● VERS 165-194. Comment se complètent les renseignements sur l'état
civil d'Arnolphe? — Les prétentions nobiliaires du bourgeois sont-elles
surprenantes? Où Molière développera-t-il ce thème? L'allusion à Thomas Corneille : Molière fait-il souvent des allusions personnelles dans
ses pièces? Pourquoi tant d'insistance sur le double nom d'Arnolphe?
● VERS 195-199. L'effet comique qui termine la scène.

■ SUR L'ENSEMBLE DE LA SCÈNE PREMIÈRE. — Etudiez-la du point de vue
de l'exposition. Qu'avons-nous appris aussi sur le caractère d'Arnolphe?
sur le problème psychologique que la pièce va poser?
   — Le comique dans cette scène : grossièreté gauloise du vocabulaire,
bizarrerie des personnages.
   — Si Chrysalde est plus « raisonnable » qu'Arnolphe, doit-on cependant le considérer comme le porte-parole de Molière?

ALAIN

Ouvre là-bas.

GEORGETTE

Vas-y, toi.

ALAIN

Vas-y, toi.

GEORGETTE

Ma foi, je n'irai pas.

ALAIN

Je n'irai pas aussi.

ARNOLPHE

Belle cérémonie,
Pour me laisser dehors ! Holà ho ! je vous prie.

GEORGETTE

205 Qui frappe ?

ARNOLPHE

Votre maître.

GEORGETTE

Alain ?

ALAIN

Quoi ?

GEORGETTE

C'est Monsieur.

Ouvre vite.

ALAIN

Ouvre, toi.

GEORGETTE

Je souffle notre feu.

ALAIN

J'empêche, peur du chat, que mon moineau ne sorte.

ARNOLPHE

Quiconque de vous deux n'ouvrira pas la porte
N'aura point à manger de plus de quatre jours.
210 Ah !

GEORGETTE

Par quelle raison y venir quand j'y cours ?

ALAIN

Pourquoi plutôt que moi? le plaisant strodagème[1]!

GEORGETTE

Ôte-toi donc de là.

ALAIN

Non, ôte-toi toi-même.

GEORGETTE

Je veux ouvrir la porte.

ALAIN

Et je veux l'ouvrir, moi.

GEORGETTE

Tu ne l'ouvriras pas.

ALAIN

Ni toi non plus.

GEORGETTE

Ni toi.

ARNOLPHE

215 Il faut que j'aie ici l'âme bien patiente!

ALAIN

Au moins, c'est moi, Monsieur.

GEORGETTE

Je suis votre servante;

C'est moi.

ALAIN

Sans le respect de Monsieur que voilà,

Je te...

ARNOLPHE, *recevant un coup d'Alain.*

Peste!

ALAIN

Pardon.

ARNOLPHE

Voyez ce lourdaud-là!

ALAIN

C'est elle aussi, Monsieur...

ARNOLPHE

Que tous deux on se taise.

_____

1. Le mot *stratagème* est trop savant pour Alain, qui l'estropie.

220 Songez à me répondre et laissons la fadaise[1].
Hé bien! Alain, comment se porte-t-on ici?

ALAIN

Monsieur, nous nous... Monsieur, nous nous por... Dieu
[merci!
Nous nous...
(Arnolphe ôte par trois fois le chapeau
de dessus la tête d'Alain.)

ARNOLPHE

Qui vous apprend, impertinente bête,
A parler devant moi le chapeau sur la tête?

ALAIN

225 Vous faites bien, j'ai tort.

ARNOLPHE, à Alain.

Faites descendre Agnès.
(A Georgette.)
Lorsque je m'en allai, fut-elle triste après?

GEORGETTE

Triste? Non.

ARNOLPHE

Non?

GEORGETTE

Si fait!

ARNOLPHE

Pourquoi donc?...

GEORGETTE

Oui, je meure[2],
Elle vous croyait voir de retour à toute heure.
Et nous n'oyions[3] jamais passer devant chez nous
230 Cheval, âne ou mulet, qu'elle ne prît pour vous.

---

1. *Fadaise* : sotte plaisanterie ; 2. *Meure* : subjonctif elliptique d'emploi courant, « que je meure, si je ne dis pas vrai » ; 3. *Oyions* : imparfait de *ouïr*. Georgette emploie un vocabulaire paysan et déjà un peu désuet.

— QUESTIONS —

■ SUR LA SCÈNE II. — Enumérez les effets comiques (mouvements, gestes, mots) de cette scène ; la part du comique paysan. Peut-on définir, d'après cette scène, l'univers de la farce ?
— A travers le jeu comique d'Alain et de Georgette ne trouve-t-on pas déjà quelques renseignements sur la situation dans la maison d'Arnolphe ?

Scène III. — AGNÈS, ALAIN, GEORGETTE, ARNOLPHE.

ARNOLPHE

La besogne[1] à la main! c'est un bon témoignage.
Hé bien! Agnès, je suis de retour du voyage;
En êtes-vous bien aise?

AGNÈS

Oui, Monsieur, Dieu merci.

ARNOLPHE

Et moi, de vous revoir je suis bien aise aussi.
235 Vous vous êtes toujours, comme on voit, bien portée?

AGNÈS

Hors les puces, qui m'ont la nuit inquiétée.

ARNOLPHE

Ah? vous aurez dans peu quelqu'un pour les chasser.

AGNÈS

Vous me ferez plaisir.

ARNOLPHE

Je le puis bien penser.
Que faites-vous donc là?

AGNÈS

Je me fais des cornettes :
240 Vos chemises de nuit et vos coiffes[2] sont faites.

ARNOLPHE

Ah! voilà qui va bien. Allez, montez là-haut :
Ne vous ennuyez point, je reviendrai tantôt,
Et je vous parlerai d'affaires importantes.
        (Tous étant rentrés.)
Héroïnes du temps, Mesdames les savantes,
245 Pousseuses[3] de tendresse et de beaux sentiments,

---

1. *Besogne* : nous dirions l' « ouvrage »; Agnès se fait des cornettes (ancienne coiffure féminine à coins pendants); 2. *Coiffes* : bonnets de nuit; 3. Voir l'expression précieuse « pousser des sentiments » et l'expression familière « pousser la romance ».

Je défie à la fois tous vos vers, vos romans,
Vos lettres, billets doux, toute votre science,
De valoir cette honnête* et pudique ignorance*.

Scène IV. — HORACE, ARNOLPHE.

ARNOLPHE

Ce n'est point par le bien[1] qu'il faut être ébloui,
250 Et, pourvu que l'honneur* soit... Que vois-je ? Est-ce[2]...
[Oui.
Je me trompe. Nenni. Si fait. Non, c'est lui-même,
Hor...

HORACE

    Seigneur Ar...

ARNOLPHE

        Horace.

HORACE

          Arnolphe.

ARNOLPHE

            Ah ! joie extrême !
Et depuis quand ici ?

HORACE

       Depuis neuf jours.

ARNOLPHE

          Vraiment ?

HORACE

Je fus d'abord chez vous, mais inutilement.

---

1. *Le bien* : l'argent ; 2. Le « e » n'est pas élidé ici. Marquer un temps
d'arrêt à la lecture.

──────── QUESTIONS ────────

■ Sur la scène III. — Agnès manifeste-t-elle de la joie à revoir
Arnolphe ? Ses paroles et son attitude confirment-elles ce qu'en a dit
Arnolphe ? Commentez notamment le vers 236.
   — Sur quel ton Arnolphe s'adresse-t-il à Agnès ?
   — Pourquoi Molière met-il si rapidement fin à cette première appa-
rition de son héroïne ?
   — Commentez les vers 244-248 : l'idée d'Arnolphe est-elle comique
en elle-même ? Qu'est-ce qui la rend comique (dans le ton et dans la
situation) ?

ARNOLPHE

255 J'étais à la campagne.

HORACE

Oui, depuis deux journées.

ARNOLPHE

Oh! comme les enfants croissent en peu d'années!
J'admire de le voir au point où le voilà,
Après que je l'ai vu pas plus grand que cela.

HORACE

Vous voyez.

ARNOLPHE

Mais, de grâce, Oronte votre père,
260 Mon bon et cher ami, que j'estime et révère,
Que fait-il? que dit-il? est-il toujours gaillard[1]?
A tout ce qui le touche il sait que je prends part.
Nous ne nous sommes vus depuis quatre ans ensemble,
Ni, qui plus est, écrit l'un à l'autre, me semble.

HORACE

265 Il est, Seigneur Arnolphe, encor plus gai que nous,
Et j'avais de sa part une lettre pour vous;
Mais, depuis, par une autre il m'apprend sa venue,
Et la raison encor ne m'en est pas connue.
Savez-vous qui peut être un de vos citoyens[2]
270 Qui retourne en ces lieux avec beaucoup de biens
Qu'il s'est en quatorze ans acquis dans l'Amérique?

ARNOLPHE

Non. Vous a-t-on point dit comme on le nomme?

HORACE

Enrique.

ARNOLPHE

Non.

HORACE

Mon père m'en parle, et qu'il est revenu,
Comme s'il devait m'être entièrement connu,
275 Et m'écrit qu'en chemin ensemble ils se vont mettre
Pour un fait important que ne dit point sa lettre.

---

1. *Gaillard :* en bonne santé, et aussi, vif, allègre ; 2. *Citoyens :* concitoyens.

« Vous savez mieux que moi, quels que soient nos efforts,
Que l'argent est la clef de tous les grands ressorts. » (Vers 345-346.)

L'ÉCOLE DES FEMMES À LA COMÉDIE-FRANÇAISE (1959)

Arnolphe (Jean Meyer) et Horace (Jacques Toja).

ARNOLPHE

J'aurai certainement grande joie à le voir,
Et pour le régaler[1] je ferai mon pouvoir.
        (Après avoir lu la lettre.)
Il faut, pour des amis, des lettres moins civiles,
280 Et tous ces compliments sont choses inutiles;
Sans qu'il prît le souci de m'en écrire rien,
Vous pouvez librement disposer de mon bien.

HORACE

Je suis homme à saisir les gens par leurs paroles,
Et j'ai présentement besoin de cent pistoles[2].

ARNOLPHE

285 Ma foi, c'est m'obliger que d'en user ainsi,
Et je me réjouis de les avoir ici.
Gardez aussi la bourse.

HORACE
                    Il faut...[3]

ARNOLPHE
                            Laissons ce style.
Eh bien! comment encor trouvez-vous cette ville?

HORACE

Nombreuse en citoyens, superbe en bâtiments,
290 Et j'en crois merveilleux les divertissements.

---

1. *Régaler* : recevoir d'une manière agréable et fastueuse ; 2. Il s'agit d'une somme importante : plusieurs milliers de francs de notre monnaie actuelle (1964). Cent pistoles représentent 1 100 livres ; or, les trente-quatre représentations de l'*Ecole des femmes* avaient rapporté à Molière 24 000 livres environ ; 1 100 livres dépassent donc la recette d'une seule représentation, et d'autre part nous savons que le théâtre était toujours plein. — Il est étonnant qu'Arnolphe porte sur lui une pareille somme, d'où le vers 286 ; 3. Horace s'apprête à délivrer un reçu.

QUESTIONS

● VERS 249-278. Relevez tous les détails qui précisent la situation d'Horace et de sa famille ; importance de la tirade 265-271. Cette conversation entre Arnolphe et Horace se déroule-t-elle d'une manière vraisemblable ?
● VERS 279-288. Comprend-on, sans en savoir le texte, la teneur de la lettre ? Arnolphe, si l'on en croit Molière lui-même (voir Jugements, texte tiré de *la Critique de l'Ecole des femmes*, page 125), agit ici en « honnête homme » : discutez cette appréciation. Arnolphe a-t-il jusqu'ici paru désintéressé ? Est-ce toutefois par pure générosité ?

ARNOLPHE

Chacun a ses plaisirs, qu'il se fait à sa guise;
Mais, pour ceux que du nom de galants* on baptise,
Ils ont en ce pays de quoi se contenter,
Car les femmes y sont faites à coqueter[1].
295 On trouve d'humeur douce et la brune et la blonde,
Et les maris aussi les plus bénins[2] du monde :
C'est un plaisir de prince, et des tours que je voi[3]
Je me donne souvent la comédie à moi.
Peut-être en avez-vous déjà féru[4] quelqu'une.
300 Vous est-il point encore arrivé de fortune[5]?
Les gens faits comme vous font plus que les écus,
Et vous êtes de taille à faire des cocus.

HORACE

A ne vous rien cacher de la vérité pure,
J'ai d'amour en ces lieux eu certaine aventure,
305 Et l'amitié m'oblige à vous en faire part.

ARNOLPHE

Bon! voici de nouveau quelque conte gaillard[6],
Et ce sera de quoi mettre sur mes tablettes.

HORACE

Mais, de grâce, qu'au moins ces choses soient secrètes.

ARNOLPHE

Oh!

HORACE

Vous n'ignorez pas qu'en ces occasions
310 Un secret éventé rompt nos précautions.
Je vous avouerai donc avec pleine franchise
Qu'ici d'une beauté mon âme s'est éprise.
Mes petits soins d'abord ont eu tant de succès

---

1. *Coqueter* : faire la coquette ; 2. *Bénin* : plein de bienveillance (ironique) ; 3. *Voi* : voir vers 109 et la note ; 4. *Féru* : frappé au cœur. Participe passé de *férir* (rapprochez de « sans coup férir ») ; 5. Nous disons encore « bonne fortune » ; 6. *Gaillard* : ici, « libre », « un peu hardi ».

QUESTIONS

● Vers 288-308. Qui, le premier, oriente la conversation vers la galanterie ? Comment reparaît la manie déplaisante d'Arnolphe (vers 298-299 et 301-302) ?

Que je me suis chez elle ouvert un doux accès;
315 Et, sans trop me vanter, ni lui faire une injure,
Mes affaires y sont en fort bonne posture.

ARNOLPHE, *riant.*

Et c'est?

HORACE, *lui montrant le logis d'Agnès.*

Un jeune objet[1] qui loge en ce logis
Dont vous voyez d'ici que les murs sont rougis :
Simple*, à la vérité, par l'erreur sans seconde
320 D'un homme qui la cache au commerce du monde[2],
Mais qui, dans l'ignorance* où l'on veut l'asservir,
Fait briller des attraits capables de ravir;
Un air tout engageant[3], je ne sais quoi de tendre
Dont il n'est point de cœur qui se puisse défendre.
325 Mais peut-être il n'est pas que vous n'ayez bien vu[4]
Ce jeune astre[5] d'amour de tant d'attraits pourvu :
C'est Agnès qu'on l'appelle.

ARNOLPHE, *à part.*

Ah! je crève!

HORACE

Pour l'homme,
C'est, je crois, de la Zousse, ou Source, qu'on le nomme;
Je ne me suis pas fort arrêté sur le nom;
330 Riche, à ce qu'on m'a dit, mais des plus sensés, non,
Et l'on m'en a parlé comme d'un ridicule[6].
Le connaissez-vous point?

ARNOLPHE, *à part.*

La fâcheuse pilule[7]!

---

1. *Objet* : expression courante, d'origine précieuse, pour désigner la personne aimée ; 2. Qui l'empêche d'avoir des relations avec les autres, qui la séquestre ; 3. *Engageant* : qui attire ; 4. « Vous n'êtes pas sans avoir vu » ; 5. *Astre* : expression précieuse, mais très courante à l'époque ; 6. *Ridicule* : employé ici comme nom. Arnolphe est certainement la fable de son quartier ; 7. Le récit d'Horace est comme une pilule que l'on doit avaler courageusement (Arnolphe doit se taire), mais dont la grosseur vous fait mal.

──────── QUESTIONS ────────

● Vers 309-316. Horace prend-il le même ton qu'Arnolphe pour parler des sentiments de l'amour (voir vers 312 et 314)? — Pourquoi Horace, tout en tenant au secret, fait-il ses confidences?
● Vers 317-328. L'effet brutal produit par ce coup de théâtre : dégagez tout le comique de situation. — Quelle impression peuvent faire sur Arnolphe les termes dans lesquels Horace parle d'Agnès?

HORACE

Eh! vous ne dites mot?

ARNOLPHE

Eh! oui, je le connoi[1].

HORACE

C'est un fou, n'est-ce pas?

ARNOLPHE

Eh!...

HORACE

Qu'en dites-vous? quoi?
335 Eh! c'est-à-dire oui. Jaloux* à faire rire?
Sot? je vois qu'il en est ce que l'on m'a pu dire.
Enfin l'aimable Agnès a su m'assujettir.
C'est un joli bijou, pour ne vous point mentir,
Et ce serait péché qu'une beauté si rare
340 Fût laissée au pouvoir de cet homme bizarre.
Pour moi, tous mes efforts, tous mes vœux les plus doux,
Vont à[2] m'en rendre maître en dépit du jaloux*,
Et l'argent que de vous j'emprunte avec franchise[3]
N'est que pour mettre à bout[4] cette juste entreprise.
345 Vous savez mieux que moi, quels que soient nos efforts,
Que l'argent est la clef de tous les grands ressorts,
Et que ce doux métal, qui frappe tant de têtes,
En amour, comme en guerre, avance les conquêtes.
Vous me semblez chagrin[5]; serait-ce qu'en effet
350 Vous désapprouveriez le dessein que j'ai fait?

ARNOLPHE

Non, c'est que je songeais...

HORACE

Cet entretien vous lasse.
Adieu; j'irai chez vous tantôt vous rendre grâce.

ARNOLPHE

Ah! faut-il...

HORACE, *revenant.*

Derechef, veuillez être discret,

---

1. *Connoi* : voir vers 109 et la note ; **2.** *Vont à* : visent à ; **3.** *Avec franchise* : sans embarras ; **4.** *Mettre à bout* : venir à bout de ; **5.** *Chagrin* : fâché et triste ; sens plus fort que de nos jours.

Et n'allez pas, de grâce, éventer mon secret.
        (*Il s'en va.*)

                    ARNOLPHE

355 Que je sens dans mon âme...

                    HORACE, *revenant.*

                            Et surtout à mon père,
Qui s'en ferait peut-être un sujet de colère.

        ARNOLPHE, *croyant qu'il revient encore.*

Oh!... Oh! que j'ai souffert durant cet entretien!
Jamais trouble d'esprit ne fut égal au mien.
Avec quelle imprudence et quelle hâte extrême
360 Il m'est venu conter cette affaire à moi-même!
Bien que mon autre nom le tienne dans l'erreur,
Étourdi montra-t-il jamais tant de fureur[1]?
Mais, ayant tant souffert, je devais[2] me contraindre
Jusques à m'éclaircir de ce que je dois craindre,
365 A pousser jusqu'au bout son caquet indiscret,
Et savoir pleinement leur commerce[3] secret.
Tâchons à le rejoindre, il n'est pas loin, je pense;
Tirons-en de ce fait l'entière confidence[4].

---

1. *Fureur* : folie ; 2. *Je devais* : j'aurai dû. Les verbes *devoir* et *pouvoir*
ont souvent aux temps du passé (*je devais, j'ai dû*) une valeur de condition-
nel ; 3. *Commerce* : fréquentation ; 4. Tirons de lui l'entière confidence de ce
qui se passe.

--- **QUESTIONS** ---

● VERS 329-356. Quel portrait de lui-même Arnolphe s'entend-il faire
par Horace ? Montrez que les expressions sont exactes (vers 330-331 et
334). — Comment l'effet comique se prolonge-t-il et se développe-t-il,
notamment aux vers 343-348 ? — L'attitude d'Arnolphe pendant toute
cette conversation ; représentez-vous ses gestes et ses grimaces. Est-il
normal cependant qu'Horace mette assez longtemps à s'apercevoir de la
gêne de son interlocuteur ?

● VERS 357-370. Cette souffrance nous émeut-elle ? Arnolphe souffre-t-il
dans sa vanité ou dans un amour qu'il ne veut pas connaître ? Comparez cette attitude ridicule de jaloux avec l'assurance du début de
l'acte.

    — Commentez ce jugement d'Antoine Adam : Sganarelle, Arnolphe,
Orgon « sont tous infatués d'eux-mêmes ; ils rient des avertissements,
se moquent des conseils, [...] puis l'illusion se dissipe, le rire du fat
meurt en une pitoyable grimace ». — Importance de la décision d'Arnolphe aux vers 367-370. Dans quelle situation s'engage-t-on ?

Je tremble du malheur qui m'en peut arriver,
370 Et l'on cherche souvent plus qu'on ne veut trouver.

ACTE II

Scène première. — ARNOLPHE.

Il m'est, lorsque j'y pense, avantageux, sans doute,
D'avoir perdu mes pas[1] et pu manquer sa route :
Car enfin de mon cœur le trouble impérieux
N'eût pu se renfermer tout entier à ses yeux ;
375 Il eût fait éclater l'ennui[2] qui me dévore,
Et je ne voudrais pas qu'il sût ce qu'il ignore.
Mais je ne suis pas homme à gober le morceau[3]
Et laisser un champ libre aux vœux du damoiseau[4*],
J'en veux rompre le cours et sans tarder apprendre
380 Jusqu'où l'intelligence[5] entre eux a pu s'étendre :
J'y prends, pour mon honneur, un notable intérêt ;
Je la regarde en femme, aux termes qu'elle en est[6] ;
Elle n'a pu faillir sans me couvrir de honte,

---

1. *Perdu mes pas :* couru inutilement (rapprochez de « salle des pas perdus ») ; 2. *Ennui :* désespoir (sens très fort) ; 3. *Gober le morceau,* comme un poisson avale l'appât et l'hameçon, d'où : « se laisser duper » ; 4. *Aux vœux du damoiseau :* aux désirs du galantin ; 5. *Intelligence :* entente, complicité ; 6. Je la regarde comme ma femme, au point où nous en sommes.

QUESTIONS

■ Sur l'ensemble de la scène IV. — La composition de cette scène : importance du coup de théâtre.

— Le comique de situation.

— Dans quelle mesure cette scène répond-elle déjà au problème posé à la scène première ?

— Quelle valeur comique prennent, après coup, les scènes II et III ? Alain, Georgette, Agnès ont-ils parlé du jeune visiteur ?

■ Sur l'ensemble de l'acte premier. — L'exposition de la situation, des caractères ; le problème moral posé.

— Etudiez la composition de l'acte, qui annonce celle d'autres actes suivants ; les premières scènes exposant les précautions d'Arnolphe, les dernières montrant leur inutilité.

Et tout ce qu'elle a fait enfin est sur mon compte[1].
385 Éloignement fatal! Voyage malheureux!
       (Frappant à la porte.)

SCÈNE II. — ALAIN, GEORGETTE, ARNOLPHE.

ALAIN

Ah! Monsieur, cette fois...

ARNOLPHE

                    Paix! Venez çà[2] tous deux :
Passez là, passez là. Venez là, venez, dis-je.

GEORGETTE

Ah! vous me faites peur, et tout mon sang se fige.

ARNOLPHE

C'est donc ainsi qu'absent[3] vous m'avez obéi,
390 Et tous deux, de concert, vous m'avez donc trahi?

GEORGETTE

Eh! ne me mangez pas, Monsieur, je vous conjure.

ALAIN, *à part.*

Quelque chien enragé l'a mordu, je m'assure[4].

ARNOLPHE

Ouf! Je ne puis parler, tant je suis prévenu[5],
Je suffoque, et voudrais me pouvoir mettre nu.
395 Vous avez donc souffert, ô canaille[6] maudite!
Qu'un homme soit venu... Tu veux prendre la fuite?

---

1. Doit m'être imputé, me concerne ; 2. *Çà :* ici. Expression un peu vieillotte ou familière ; 3. Construction libre mais fort claire, fréquente à l'époque : « pendant que j'étais absent » ; 4. *Je m'assure :* j'en suis certain (courant jusqu'à la fin du XVIIIe siècle) ; 5. Tant j'ai de mauvais pressentiments ; 6. *Canaille :* terme très méprisant (vient de *canis*, chien).

——— QUESTIONS ———

■ SUR LA SCÈNE PREMIÈRE. — Comment se fait la transition entre cet acte et le précédent (vers 371-373)? S'est-il écoulé beaucoup de temps?
— Le plan d'Arnolphe : en quoi est-on renseigné sur la matière de cet acte?
— L'état d'âme d'Arnolphe : est-il blessé dans son amour ou dans sa vanité masculine? Pourquoi ne fait-il allusion qu'à son humeur?
— Le vocabulaire de cette scène : les termes empruntés au style tragique, les expressions comiques.

Il faut que sur-le-champ... Si tu bouges!... Je veux
Que vous me disiez... Euh! Oui, je veux que tous deux...
Quiconque remuera, par la mort[1] je l'assomme.
400 Comme est-ce que chez moi s'est introduit cet homme?
Eh! parlez, dépêchez, vite, promptement, tôt,
Sans rêver[2]. Veut-on dire?

ALAIN et GEORGETTE, *tombant à genoux.*

Ah! ah!

GEORGETTE

Le cœur me faut[3]!

ALAIN

Je meurs.

ARNOLPHE

Je suis en eau, prenons un peu d'haleine.

Il faut que je m'évente et que je me promène.
405 Aurais-je deviné, quand je l'ai vu petit,
Qu'il croîtrait pour cela? Ciel! que mon cœur pâtit!
Je pense qu'il vaut mieux que de sa propre bouche
Je tire avec douceur l'affaire qui me touche.
Tâchons à modérer notre ressentiment;
410 Patience[4], mon cœur, doucement, doucement!
Levez-vous, et, rentrant, faites qu'Agnès descende.
Arrêtez. Sa surprise en deviendrait moins grande;
Du chagrin[5] qui me trouble ils iraient l'avertir,
Et moi-même je veux l'aller faire sortir.
415 Que l'on m'attende ici.

---

1. Imprécation qui sous la forme complète serait : « par la mort de Dieu ! » ; mais on l'abrège pour atténuer le juron, ou on le transforme (par exemple *morbleu*) ; 2. *Rêver* : rêvasser ; 3. *Faut* : manque (3ᵉ personne du verbe *faillir*) ; 4. Pastiche du style tragique ; 5. *Chagrin* : amertume et colère.

──────── **QUESTIONS** ────────

■ Sur la scène ii. — Les effets comiques tirés de la colère d'Arnolphe (ordres secs, bouffons, contradictoires). Quel aspect de son tempérament se révèle ainsi ? Qu'en conclure, si on compare cette attitude à l'assurance tranchante du premier acte ?

— L'élément comique né des mouvements et des gestes : le pastiche de la terreur tragique.

— En rapprochant cette scène de la scène ii de l'acte premier, peut-on préciser quels sont les rapports entre maîtres et valets ?

— Pourquoi Arnolphe renonce-t-il (vers 407-408) à mener son enquête auprès d'eux et décide-t-il d'aller lui-même (vers 414) chercher Agnès ?

Scène III. — ALAIN, GEORGETTE.

GEORGETTE

Mon Dieu, qu'il est terrible!
Ses regards m'ont fait peur, mais une peur horrible,
Et jamais je ne vis un plus hideux chrétien.

ALAIN

Ce monsieur l'a fâché, je te le disais bien.

GEORGETTE

Mais que diantre¹ est-ce là qu'avec tant de rudesse
420 Il nous fait au logis garder notre maîtresse?
D'où vient qu'à tout le monde il veut tant la cacher.
Et qu'il ne saurait voir personne en approcher?

ALAIN

C'est que cette action le met en jalousie*.

GEORGETTE

Mais d'où vient qu'il est pris de cette fantaisie?

ALAIN

425 Cela vient... cela vient de ce qu'il est jaloux*.

GEORGETTE

Oui; mais pourquoi l'est-il, et pourquoi ce courroux?

ALAIN

C'est que la jalousie*... entends-tu bien, Georgette,
Est une chose... là... qui fait qu'on s'inquiète...
Et qui chasse les gens d'autour d'une maison.
430 Je m'en vais te bailler² une comparaison,
Afin de concevoir³ la chose davantage.
Dis-moi, n'est-il pas vrai, quand tu tiens ton potage,
Que, si quelque affamé venait pour en manger,
Tu serais en colère, et voudrais le charger⁴?

---

1. *Diantre* : euphémisme pour « diable » ; **2.** *Bailler* : donner. Expression déjà vieillotte et paysanne ; **3.** Afin que tu conçoives (construction libre, changement de sujet) ; **4.** *Charger* : courir sus. Expression surtout militaire.

——— QUESTIONS ———

● VERS 416-429. Georgette et Alain sont-ils dépourvus de bon sens? En quoi représentent-ils ici l'opinion publique?

GEORGETTE

435 Oui, je comprends cela.

ALAIN

C'est justement tout comme.
La femme est en effet le potage[1] de l'homme,
Et, quand un homme voit d'autres hommes parfois
Qui veulent dans sa soupe aller tremper leurs doigts,
Il en montre aussitôt une colère extrême.

GEORGETTE

440 Oui; mais pourquoi chacun n'en fait-il pas de même,
Et que[2] nous en voyons qui paraissent joyeux
Lorsque leurs femmes sont avec les biaux monsieux[3]?

ALAIN

C'est que chacun n'a pas cette amitié goulue[4]
Qui n'en veut que pour soi.

GEORGETTE

Si je n'ai la berlue[5],
445 Je le vois qui revient.

ALAIN

Tes yeux sont bons, c'est lui.

GEORGETTE

Vois comme il est chagrin[6].

ALAIN

C'est qu'il a de l'ennui.

---

1. Voir Rabelais, *Tiers Livre*, chap. xii; 2. Rupture de construction :
Et comment se fait-il que...; 3. *Biaux monsieux* : expression dialectale fréquente chez les paysans de Molière. Le peuple prononçait encore *biau* à Paris
au xvie siècle; 4. *Amitié goulue* : amour trop gourmand et trop avide;
l'expression continue la comparaison avec le potage; 5. *Berlue* : éblouisse-
ment passager 6. *Chagrin* : voir vers 349 et la note.

■ **QUESTIONS** ──────────────

● Vers 430-444. Etudiez ce comique surtout verbal; cette analyse
psychologique, ramenée au niveau de la réalité vulgaire, est-elle fausse ?
Molière a plusieurs fois fait présenter les sentiments des maîtres par les
valets : quel effet en tire-il ?

■ Sur l'ensemble de la scène III. — Utilité de cette scène de transition.

SCÈNE IV. — ARNOLPHE, AGNÈS, ALAIN,
GEORGETTE.

ARNOLPHE

Un certain Grec disait à l'empereur Auguste[1]
Comme une instruction utile autant que juste,
Que, lorsqu'une aventure en colère nous met,
450 Nous devons avant tout dire notre alphabet,
Afin que dans ce temps la bile[2] se tempère,
Et qu'on ne fasse rien que l'on ne doive faire.
J'ai suivi sa leçon sur le sujet d'Agnès,
Et je la fais venir en ce lieu tout exprès,
455 Sous prétexte d'y faire un tour de promenade,
Afin que les soupçons de mon esprit malade
Puissent sur le discours[3] la mettre adroitement,
Et lui sondant le cœur, s'éclaircir doucement.
Venez, Agnès. Rentrez.

SCÈNE V. — ARNOLPHE, AGNÈS.

ARNOLPHE

La promenade est belle.

AGNÈS

460 Fort belle.

ARNOLPHE

Le beau jour!

AGNÈS

Fort beau!

ARNOLPHE

Quelle nouvelle?

---

1. Anecdote empruntée à Plutarque; 2. *Bile :* humeur de la colère, d'après la médecine de l'époque (voir *le Misanthrope ou l'Atrabilaire amoureux*); 3. Sur ce sujet.

──────── QUESTIONS ────────

■ SUR LA SCÈNE IV. — Relevez l'emphase du style : pourquoi cette solennité? A-t-on déjà vu chez Arnolphe une certaine tendance à jouer les « moralistes »? — Importance de l'aveu fait au vers 456 : dans quelle mesure Arnolphe est-il conscient de sa jalousie? N'y a-t-il pas quelque cynisme au vers 457?
— Depuis la brusque révélation qu'il a eue au vers 317, quelles ont été les réactions successives d'Arnolphe?

AGNÈS

Le petit chat est mort.

ARNOLPHE

C'est dommage; mais quoi?
Nous sommes tous mortels, et chacun est pour soi.
Lorsque j'étais aux champs, n'a-t-il point fait de pluie?

AGNÈS

Non.

ARNOLPHE

Vous ennuyait-il[1]?

AGNÈS

Jamais je ne m'ennuie.

ARNOLPHE

465 Qu'avez-vous fait encor ces neuf ou dix jours-ci?

AGNÈS

Six chemises, je pense, et six coiffes aussi.

ARNOLPHE, *ayant un peu rêvé.*

Le monde, chère Agnès, est une étrange chose.
Voyez la médisance, et comme chacun cause!
Quelques voisins m'ont dit qu'un jeune homme inconnu
470 Était en mon absence à la maison venu,
Que vous aviez souffert sa vue et ses harangues;
Mais je n'ai point pris foi[2] sur ces méchantes langues,
Et j'ai voulu gager que c'était faussement...

AGNÈS

Mon Dieu, ne gagez pas, vous perdriez vraiment.

ARNOLPHE

475 Quoi! c'est la vérité qu'un homme...

AGNÈS

Chose sûre.
Il n'a presque bougé de chez nous, je vous jure.

---

1. *Vous ennuyait-il?* Emploi impersonnel du verbe *ennuyer*; 2. *Je n'ai point pris foi :* je n'ai point ajouté foi à...

── **QUESTIONS** ──────────

● Vers 460-466. Pourquoi Agnès ne souffle-t-elle mot de la visite d'Horace? Prudence instinctive? Oubli? Juge-t-elle ce récit sans intérêt pour Arnolphe? Quelles peuvent être les pensées d'Arnolphe devant cette réticence d'Agnès?

ARNOLPHE, *à part.*

Cet aveu qu'elle fait avec sincérité
Me marque pour le moins son ingénuité*.

(*Haut.*)

Mais il me semble, Agnès, si ma mémoire est bonne,
480 Que j'avais défendu que vous vissiez personne.

AGNÈS

Oui, mais, quand je l'ai vu, vous ignorez pourquoi,
Et vous en auriez fait, sans doute, autant que moi.

ARNOLPHE

Peut-être; mais enfin contez-moi cette histoire.

AGNÈS

Elle est fort étonnante et difficile à croire.
485 J'étais sur le balcon à travailler au frais,
Lorsque je vis passer sous les arbres d'auprès
Un jeune homme bien fait, qui, rencontrant ma vue,
D'une humble révérence aussitôt me salue :
Moi, pour ne point manquer à la civilité,
490 Je fis la révérence aussi de mon côté.
Soudain, il me refait une autre révérence :
Moi, j'en refais de même une autre en diligence;
Et, lui d'une troisième aussitôt repartant,
D'une troisième aussi j'y[1] repars à l'instant.
495 Il passe, vient, repasse, et toujours de plus belle
Me fait à chaque fois révérence nouvelle;
Et moi, qui tous ces tours fixement regardais,
Nouvelle révérence aussi je lui rendais :
Tant que, si sur ce point la nuit ne fût venue,
500 Toujours comme cela je me serais tenue,
Ne voulant point céder, et recevoir l'ennui
Qu'il me pût estimer moins civile que lui.

---

1. Y : pour « lui ». (Ce pronom pouvait remplacer des noms de personnes au XVIIe siècle.)

— QUESTIONS —————————

● VERS 466-484. Comment Arnolphe conduit-il son interrogatoire ? Agnès cherche-t-elle à mentir ? Comment l'ingénuité d'Agnès (vers 476, vers 481-482) se retourne-t-elle déjà contre l'autorité d'Arnolphe ?
● VERS 484-502. Imaginez la scène racontée par Agnès : le comique de répétition. Est-ce seulement par souci de politesse qu'Agnès a rendu jusqu'à la nuit toutes ces révérences ? — Cet échange de révérences aurait-il été plus comique si le spectateur y avait assisté au lieu d'entendre le récit ? Analysez avec précision le mécanisme comique de ce récit. Rit-on aux dépens d'Agnès ?

ARNOLPHE

Fort bien.

AGNÈS

Le lendemain, étant sur notre porte,
Une vieille m'aborde en parlant de la sorte :
505 « Mon enfant, le bon Dieu puisse-t-il vous bénir,
Et dans tous vos attraits longtemps vous maintenir!
Il ne vous a pas faite une belle personne
Afin de mal user des choses qu'il vous donne,
Et vous devez savoir que vous avez blessé[1]
510 Un cœur qui de s'en plaindre est aujourd'hui forcé. »

ARNOLPHE, *à part*.

Ah! suppôt[2] de Satan, exécrable damnée!

AGNÈS

« Moi, j'ai blessé quelqu'un? fis-je toute étonnée.
— Oui, dit-elle, blessé, mais blessé tout de bon;
Et c'est l'homme qu'hier vous vîtes du balcon.
515 — Hélas! qui[3] pourrait, dis-je, en avoir été cause?
Sur lui, sans y penser, fis-je choir quelque chose?
— Non, dit-elle, vos yeux ont fait ce coup fatal,
Et c'est de leurs regards qu'est venu tout son mal.
— Hé! mon Dieu! ma surprise est, fis-je, sans seconde :
520 Mes yeux ont-ils du mal pour en donner au monde?
— Oui, fit-elle, vos yeux, pour causer le trépas,
Ma fille, ont un venin que vous ne savez pas :
En un mot, il languit, le pauvre misérable;
Et s'il faut, poursuivit la vieille charitable,
525 Que votre cruauté lui refuse un secours,
C'est un homme à porter en terre dans deux jours.
— Mon Dieu! j'en aurais, dis-je, une douleur bien grande.
Mais, pour le secourir, qu'est-ce qu'il me demande?
— Mon enfant, me dit-elle, il ne veut obtenir
530 Que le bien de vous voir et vous entretenir;
Vos yeux peuvent, eux seuls, empêcher sa ruine,
Et du mal qu'ils ont fait être la médecine.

---

1. *Blessé* : blessé d'amour. Mais l'expression est équivoque pour Agnès, qui ignore le vocabulaire de la galanterie ; 2. *Suppôt* : serviteur ; 3. *Qui* : qu'est-ce qui. Dans la langue classique, *qui* interrogatif peut s'employer pour les personnes et pour les choses.

— Hélas! volontiers· dis-je, et, puisqu'il est ainsi,
Il peut tant qu'il voudra me venir voir ici. »

ARNOLPHE, *à part.*

535 Ah! sorcière maudite, empoisonneuse d'âmes,
Puisse l'enfer payer tes charitables[1] trames!

AGNÈS

Voilà comme il me vit et reçut guérison.
Vous-même[2] à votre avis, n'ai-je pas eu raison,
Et pouvais-je, après tout, avoir la conscience
540 De le laisser mourir faute d'une assistance,
Moi qui compatis tant aux gens qu'on fait souffrir,
Et ne puis sans pleurer voir un poulet mourir?

ARNOLPHE, *bas.*

Tout cela n'est parti que d'une âme innocente*,
Et j'en dois accuser mon absence imprudente,
545 Qui sans guide a laissé cette bonté de mœurs
Exposée aux aguets des rusés séducteurs*.
Je crains que le pendard, dans ses vœux téméraires,
Un peu plus fort que jeu[3] n'ait poussé les affaires.

AGNÈS

Qu'avez-vous? Vous grondez, ce me semble, un petit[4];
550 Est-ce que c'est mal fait ce que je vous ai dit?

ARNOLPHE

Non. Mais de cette vue apprenez-moi les suites.
Et comme le jeune homme a passé ses visites.

---

1. Dit ironiquement; 2. Ellipse : vous-même, dites-moi...; 3. Un peu plus
fort que dans un jeu; 4. *Un petit* : un peu (rapprochez de « petit à petit »).

■ QUESTIONS ————————————

● VERS 504-534. Quel rôle traditionnel joue ici la vieille? Relevez
le mélange de piété et de galanterie dans ses propos; comment s'y
prend-elle pour « éduquer » et convaincre Agnès? A quels sentiments
fait-elle successivement appel? Là encore, en quoi le récit est-il plus
comique que le spectacle de l'action elle-même? Comment l'exactitude
du dialogue, répété mot pour mot par Agnès, crée-t-il un effet comique?
● VERS 535-542. Comment la crédulité d'Agnès démontre-t-elle l'erreur
commise par Arnolphe dans la façon dont il a élevé sa pupille?
● VERS 543-548. Pourquoi Arnolphe, qui a réagi jusque-là avec une
indignation mal dissimulée, semble-t-il se calmer? Les erreurs d'Arnolphe : est-ce son *absence imprudente* (vers 544) qui est la seule cause
de sa mésaventure? A-t-il raison de vouloir pousser plus loin son
enquête? Quel sentiment l'y entraîne?

AGNÈS

Hélas! si vous saviez comme il était ravi,
Comme il perdit son mal sitôt que je le vi[1],
555 Le présent qu'il m'a fait d'une belle cassette,
Et l'argent qu'en[2] ont eu notre Alain et Georgette,
Vous l'aimeriez sans doute, et diriez comme nous...

ARNOLPHE

Oui, mais que faisait-il étant seul avec vous?

AGNÈS

Il jurait qu'il m'aimait d'une amour sans seconde,
560 Et me disait des mots les plus gentils du monde,
Des choses que jamais rien ne peut égaler,
Et dont, toutes les fois que je l'entends parler,
La douceur me chatouille et là-dedans remue
Certain je ne sais quoi dont je suis toute émue.

ARNOLPHE, *à part.*

565 Ô fâcheux examen d'un mystère fatal,
Où l'examinateur souffre seul tout le mal!
    (A Agnès.)
Outre tous ces discours, toutes ces gentillesses,
Ne vous faisait-il point aussi quelques caresses?

AGNÈS

Oh tant! il me prenait et les mains et les bras,
570 Et de me les baiser il n'était jamais las.

---

1. *Vi* : voir vers 109 et la note ; 2. *En* : de lui. Le pronom *en* (comme également *y*) pouvait remplacer des noms de personnes.

—— **QUESTIONS** ——————————

● Vers 549-558. De quelle façon Agnès a-t-elle été sensible aux cadeaux d'Horace? En a-t-elle compris la signification? En quoi consiste pour elle le bonheur? — Pourquoi Arnolphe ne prête-t-il guère attention à ces détails?
● Vers 559-570. Le langage de l'amour chez Agnès : la poésie de certaines expressions naïves. — Etait-elle sincère quand elle prétendait agir par pure charité en recevant Horace? — Les sentiments d'Arnolphe : pourquoi chaque parole d'Agnès aggrave-t-elle sa jalousie? N'a-t-il jamais essayé d'inspirer de l'amour à Agnès? Le comique de situation.

ARNOLPHE

Ne vous a-t-il point pris, Agnès, quelqu'autre chose?
    (La voyant interdite)
Ouf!

AGNÈS

Eh! il m'a...

ARNOLPHE

Quoi?

AGNÈS

Pris...

ARNOLPHE

Euh!

AGNÈS

Le[1]...

ARNOLPHE

Plaît-il?

AGNÈS

Je n'ose,
Et vous vous fâcheriez peut-être contre moi.

ARNOLPHE

Non.

AGNÈS

Si fait[2].

ARNOLPHE

Mon Dieu! non.

AGNÈS

Jurez donc votre foi.

ARNOLPHE

575 Ma foi, soit.

AGNÈS

Il m'a pris... Vous serez en colère.

ARNOLPHE

Non.

---

1. *Le*. Équivoque un peu leste, que beaucoup de contemporains ont reprochée à Molière et que celui-ci a eu le tort de nier dans *la Critique de « l'École des femmes »* (scène III, discussion entre Climène, Uranie et Elise); 2. *Si fait* : au contraire.

L'ÉCOLE DES FEMMES AU THÉATRE NATIONAL POPULAIRE (1958)

Arnolphe (Georges Wilson), Agnès (Christiane Desbois) et Alain.

AGNÈS

Si.

ARNOLPHE

Non, non, non, non! Diantre! que de mystère!
Qu'est-ce qu'il vous a pris?

AGNÈS

Il...

ARNOLPHE, *à part.*

Je souffre en damné.

AGNÈS

Il m'a pris le ruban que vous m'aviez donné.
A vous dire le vrai, je n'ai pu m'en défendre.

ARNOLPHE, *reprenant haleine.*

580 Passe pour le ruban. Mais je voulais apprendre
S'il ne vous a rien fait que vous baiser les bras.

AGNÈS

Comment! est-ce qu'on fait d'autres choses?

ARNOLPHE

Non pas.
Mais, pour guérir du mal qu'il dit qui le possède,
N'a-t-il point exigé de vous d'autre remède?

AGNÈS

585 Non. Vous pouvez juger, s'il en eût demandé,
Que pour le secourir j'aurais tout accordé.

ARNOLPHE, *à part.*

Grâce aux bontés du Ciel, j'en suis quitte à bon compte.
Si je retombe plus[1], je veux bien qu'on m'affronte[2].

---

1. *Plus* : une autre fois ; 2. *Affronter* : tromper effrontément quelqu'un
jusqu'à l'outrager.

━━━ **QUESTIONS** ━━━━━━━━━━━━

● VERS 571-579. Le comique de farce : comment l'attitude d'Arnolphe
retarde-t-elle la réponse qu'il est pourtant si pressé d'entendre? L'innocence d'Agnès n'a-t-elle pas ici le même effet que la pire des malices?
Qu'en conclure sur les avantages de la « naïveté »?
● VERS 580-586. En quoi l'insistance d'Arnolphe est-elle maladroite?
Est-il toujours aussi inquiet? Importance des vers 585-586 : donnent-ils
raison aux prédictions de Chrysalde (vers 107-116)?

Chut! De votre innocence*, Agnès, c'est un effet;
590 Je ne vous en dis mot, ce qui s'est fait est fait.
Je sais qu'en vous flattant le galant* ne désire
Que de vous abuser, et puis après s'en rire.

AGNÈS

Oh! point. Il me l'a dit plus de vingt fois à moi.

ARNOLPHE

Ah! vous ne savez pas ce que c'est que sa foi.
595 Mais enfin apprenez qu'accepter des cassettes
Et de ces beaux blondins* écouter les sornettes[1],
Que se laisser par eux, à force de langueur[2],
Baiser ainsi les mains et chatouiller le cœur,
Est un péché mortel des plus gros qu'il se fasse.

AGNÈS

600 Un péché, dites-vous! et la raison, de grâce?

ARNOLPHE

La raison? La raison est l'arrêt prononcé
Que par ces actions le Ciel est courroucé.

AGNÈS

Courroucé? Mais pourquoi faut-il qu'il s'en courrouce?
C'est une chose, hélas! si plaisante[3] et si douce!
605 J'admire quelle joie on goûte à tout cela,
Et je ne savais point encor ces choses-là.

ARNOLPHE

Oui; c'est un grand plaisir que toutes ces tendresses,
Ces propos si gentils et ces douces caresses;
Mais il faut le goûter en toute honnêteté*,
610 Et qu'en se mariant le crime en soit ôté.

AGNÈS

N'est-ce plus un péché lorsque l'on se marie?

---

1. *Sornettes*. Le mot contient alors une nuance de tromperie qu'il a perdue aujourd'hui ; 2. *Langueur* : sorte d'affaiblissement moral et physique dont l'amour peut être une des causes ; 3. *Plaisant* : qui plaît (et non « ridicule »).

━━━ QUESTIONS ━━━

● Vers 587-599. Le contraste entre le ton que prend Arnolphe et celui qu'il avait dans les répliques précédentes : quels sentiments reprennent immédiatement chez lui le dessus (vers 587-588)? A-t-il par lui-même assez d'autorité pour imposer son point de vue à Agnès? Quel usage fait-il de la morale religieuse?

ARNOLPHE

Non.

AGNÈS

Mariez-moi donc promptement, je vous prie.

ARNOLPHE

Si vous le souhaitez, je le souhaite aussi,
Et pour vous marier on me revoit ici.

AGNÈS

615 Est-il possible?

ARNOLPHE

Oui.

AGNÈS

Que vous me ferez aise[1]!

ARNOLPHE

Oui, je ne doute point que l'hymen ne vous plaise.

AGNÈS

Vous nous voulez nous deux...

ARNOLPHE

Rien de plus assuré.

AGNÈS

Que, si cela se fait, je vous caresserai!

ARNOLPHE

Hé! la chose sera de ma part réciproque.

AGNÈS

620 Je ne reconnais point, pour moi, quand on se moque.
Parlez-vous tout de bon?

---

1. *Aise* : contente, ravie.

--- QUESTIONS ---

● VERS 600-612. Les objections d'Agnès : manque-t-elle de bon sens ?
Peut-elle comprendre qu'une chose agréable puisse être défendue par
la morale ? Comment découvre-t-elle d'instinct les arguments favorables
à une morale du plaisir ? — La sensibilité d'Agnès : que dénote le
hélas! du vers 604 (à rapprocher des vers 515 et 553) ? — Quelle étape
importante marque le vers 610 dans le plan d'Arnolphe ?

ARNOLPHE

Oui, vous le pourrez voir.

AGNÈS

Nous serons mariés?

ARNOLPHE

Oui.

AGNÈS

Mais quand?

ARNOLPHE

Dès ce soir.

AGNÈS, *riant*.

Dès ce soir?

ARNOLPHE

Dès ce soir. Cela vous fait donc rire?

AGNÈS

Oui.

ARNOLPHE

Vous voir bien contente est ce que je désire.

AGNÈS

625 Hélas! que je vous ai grande obligation!
Et qu'avec lui j'aurai de satisfaction!

ARNOLPHE

Avec qui?

AGNÈS

Avec... Là...

────────── QUESTIONS ──────────

● Vers 613-624. Comment se prolonge le quiproquo? Pourquoi Arnolphe ne dit-il pas tout de suite qu'il est lui-même l'époux destiné à Agnès? Comment essaie-t-il de détourner vers lui l'instinct naissant d'Agnès? A-t-il l'impression de gagner la partie? — Pourquoi Agnès, de son côté, ne soupçonne-t-elle pas le projet d'Arnolphe? L'effet comique de la réplique d'Agnès au vers 617. Que révèle son rire au vers 623? — L'importance du *dès ce soir* (vers 622) pour l'action (revoir le vers 2).

● Vers 625-627. La solution du quiproquo. L'effet comique qui en résulte. De quelle manière le spectateur a-t-il participé au quiproquo?

ARNOLPHE

Là... là n'est pas mon compte.
A choisir un mari vous êtes un peu prompte.
C'est un autre en un mot, que je vous tiens tout prêt,
630 Et quant au monsieur, *Là*, je prétends, s'il vous plaît,
Dût le mettre au tombeau le mal dont il vous berce,
Qu'avec lui désormais vous rompiez tout commerce;
Que, venant au logis[1], pour votre compliment[2]
Vous lui fermiez au nez la porte honnêtement*,
635 Et lui jetant, s'il heurte, un grès[3] par la fenêtre,
L'obligiez tout de bon à ne plus y paraître.
M'entendez-vous, Agnès? Moi, caché dans un coin,
De votre procédé je serai le témoin.

AGNÈS

Las! il est si bien fait! C'est...

ARNOLPHE

Ah! que de langage!

AGNÈS

640 Je n'aurai pas le cœur...

ARNOLPHE

Point de bruit davantage.
Montez là-haut.

AGNÈS

Mais quoi! voulez-vous...

---

1. *Venant au logis :* quand il viendra au logis. On exigerait aujourd'hui que le participe se rapporte au sujet du verbe à mode personnel (*vous,* v. 634) : la langue classique a un usage plus souple ; **2.** *Pour votre compliment :* en guise de salutations ; **3.** *Grès :* ici, un gros caillou.

--- **QUESTIONS** ---

● VERS 627-642. Le brusque changement de ton chez Arnolphe. Quel aspect de son caractère se confirme ici ? Arnolphe invente-t-il sur le champ son plan d'action (vers 633-638) ou l'avait-il dans la tête dès le début de la scène ? — L'effet produit par la parodie d'une réplique de tragédie (vers 641-642). L'attitude d'Agnès en face de la contrainte qu'on lui impose ; commentez notamment sa réplique du vers 639.

ARNOLPHE

C'est assez.

Je suis maître, je parle : allez, obéissez[1].

ACTE III

Scène première. — ARNOLPHE, AGNÈS, ALAIN.
GEORGETTE.

ARNOLPHE

Oui, tout a bien été, ma joie est sans pareille.
Vous avez là suivi mes ordres à merveille,
645 Confondu de tout point le blondin* séducteur* :
Et voilà de quoi sert un sage directeur.

_____

1. Reproduction parodique, absolument textuelle, d'une réplique de Pompée, dans *Sertorius* de Corneille (vers 1867-1868). C'était une pièce toute récente (1662) et encore dans la mémoire de tous.

———— **QUESTIONS** ————

■ Sur l'ensemble de la scène II. — Composition de la scène. Les différentes étapes de l'interrogatoire mené par Arnolphe : les sentiments et les états d'âme successifs par lesquels il passe au cours de cette scène. Dans quelle mesure fait-il prendre conscience à Agnès de ses sentiments pour Horace ? Pourquoi ne croit-il pas qu'il y a là un danger pour lui-même ?

— Les attitudes d'Agnès au cours de cette scène : sa réserve, puis sa franchise prouvent-elle qu'elle ait confiance en Arnolphe ? D'où vient le malentendu profond entre elle et son tuteur ?

— Faites un portrait d'Agnès d'après cette scène : dans quelle mesure son ingénuité se retourne-t-elle contre Arnolphe et le fait-elle souffrir autant que la pire des malices ? Quelles sont les qualités naturelles d'esprit et de cœur qui compensent son ignorance des choses de la vie ?

— Énumérez et analysez les effets comiques de cette scène : d'où vient à chaque moment le rire du spectateur ?

■ Sur l'ensemble de l'acte II. — La composition de cet acte : comment son mouvement s'enchaîne-t-il sur celui de l'acte précédent ? Comparez la scène finale de chacun des deux actes : les déclarations d'Agnès confirment-elles les confidences d'Horace ? Arnolphe se trouve-t-il en position plus favorable à la fin de l'acte II qu'à la fin de l'acte premier ?

— Les sources de comique dans cet acte. Montrez notamment en quoi l'ingénuité d'Agnès provoque le rire, sans qu'Agnès soit pour cela un personnage ridicule.

Votre innocence*, Agnès, avait été surprise :
Voyez, sans y penser, où vous vous étiez mise.
Vous enfiliez tout droit, sans mon instruction[1],
650 Le grand chemin d'enfer et de perdition.
De tous ces damoiseaux* on sait trop les coutumes :
Ils ont de beaux canons[2], force rubans et plumes,
Grands cheveux, belles dents et des propos fort doux;
Mais, comme je vous dis, la griffe est là-dessous,
655 Et ce sont vrais Satans, dont la gueule altérée
De l'honneur* féminin cherche à faire curée[3].
Mais, encore une fois, grâce au soin apporté,
Vous en êtes sortie avec honnêteté*.
L'air dont je vous ai vu lui jeter cette pierre,
660 Qui de tous ses desseins a mis l'espoir par terre,
Me confirme encor mieux à ne point différer
Les noces où[4] je dis qu'il vous faut préparer.
Mais, avant toute chose, il est bon de vous faire
Quelque petit discours qui vous soit salutaire.
665 Un siège au frais ici.
           (A Georgette.)
                     Vous, si jamais en rien...

                    GEORGETTE

De toutes vos leçons nous nous souviendrons bien.
Cet autre monsieur-là nous en faisait accroire;
Mais...

                    ALAIN

        S'il entre jamais, je veux jamais ne boire.
Aussi bien est-ce un sot : il nous a l'autre fois
670 Donné deux écus d'or qui n'étaient pas de poids.

                    ARNOLPHE

Ayez donc pour souper tout ce que je désire,
Et pour notre contrat, comme je viens de dire,

---

1. Parce que mes explications vous manquaient; 2. *Canon* : ornement de
dentelle faisant volant au-dessus du genou; à la mode alors; 3. *Faire curée*
se dit des chiens qui dévorent la bête avant l'arrivée du veneur. Sens figuré
ici, mais l'image est suivie (voir « griffe, gueule »); 4. *Où* : à la place du
relatif *auxquelles*. Usuel au XVIIᵉ siècle.

Faites venir ici, l'un ou l'autre au retour,
Le notaire qui loge au coin de ce carfour[1].

Scène II. — ARNOLPHE, AGNÈS.

ARNOLPHE, *assis.*

675 Agnès, pour m'écouter laissez là votre ouvrage.
Levez un peu la tête et tournez le visage;
Là[2], regardez-moi là, durant cet entretien.
Et jusqu'au moindre mot imprimez-vous-le bien.
Je vous épouse, Agnès, et cent fois la journée
680 Vous devez bénir l'heur[3] de votre destinée,
Contempler la bassesse où vous avez été,
Et dans le même temps admirer ma bonté
Qui, de ce vil état de pauvre villageoise,
Vous fait monter au rang d'honorable bourgeoise,
685 Et jouir de la couche et des embrassements
D'un homme qui fuyait tous ces engagements
Et dont à vingt partis fort capables de plaire
Le cœur a refusé l'honneur qu'il vous veut faire.
Vous devez toujours, dis-je, avoir devant les yeux
690 Le peu que vous étiez sans ce nœud glorieux,
Afin que cet objet[4] d'autant mieux vous instruise
A mériter l'état où je vous aurai mise,
A toujours vous connaître, et faire qu'à jamais

---

1. On disait alors aussi bien *carfour* que « carrefour »; 2. Il met le doigt sur son front (voir l'illustration page 2); 3. *Heur* signifie étymologiquement le sort, bon ou mauvais. Mais il prend souvent à lui seul le sens de *bonheur*, comme ici; 4. *Objet* : ici, « cette idée, cette réflexion » (à savoir que je vous fais beaucoup d'honneur).

──────── QUESTIONS ────────

■ Sur la scène première. — Comment se fait la liaison avec l'acte précédent ? Que s'est-il passé pendant l'entracte ?
— D'où vient maintenant l'assurance d'Arnolphe ? Quelle satisfaction éprouve-t-il à jouer le rôle de *directeur* (vers 646) ?
— Commentez les vers 649-656 : à quel niveau Arnolphe croit-il bon de ramener la morale religieuse pour l'utiliser à son profit ? Quelles peuvent être les pensées d'Agnès en écoutant ce discours ?
— Peut-on conclure de cette scène que Molière veut ridiculiser non seulement Arnolphe, mais aussi la morale chrétienne dont il se réclame ? Discutez ce problème, qui met en question les intentions profondes de Molière.

● Vers 675-678. Avant de faire son sermon, le « directeur » Arnolphe exige d'Agnès une attitude de soumission, celle d'un petit enfant qui doit écouter respectueusement la leçon. Pourquoi ?

Je puisse me louer de l'acte que je fais.
695 Le mariage, Agnès, n'est pas un badinage.
A d'austères devoirs le rang de femme engage,
Et vous n'y montez pas, à ce que je prétends,
Pour être libertine[1] et prendre du bon temps.
Votre sexe n'est là que pour la dépendance :
700 Du côté de la barbe est la toute-puissance.
Bien qu'on soit deux moitiés de la société,
Ces deux moitiés pourtant n'ont point d'égalité :
L'une est moitié suprême, et l'autre subalterne;
L'une en tout est soumise à l'autre, qui gouverne;
705 Et ce que le soldat, dans son devoir instruit,
Montre d'obéissance au chef qui le conduit,
Le valet à son maître, un enfant à son père,
A son supérieur le moindre petit frère[2],
N'approche point encor de la docilité,
710 Et de l'obéissance, et de l'humilité,
Et du profond respect, où la femme doit être
Pour son mari, son chef, son seigneur et son maître.
Lorsqu'il jette sur elle un regard sérieux,
Son devoir aussitôt est de baisser les yeux,
715 Et de n'oser jamais le regarder en face
Que quand d'un doux regard il lui veut faire grâce.

---

1. *Libertine* : au sens moderne, « qui n'obéit pas à la loi morale », dissipée ; 2. *Petit frère :* frère servant ou convers, qui vaque dans les couvents aux œuvres serviles, et n'a point de grade dans la cléricature.

● **QUESTIONS** ────────────────────────────

● VERS 679-694. Quel est l'effet produit par le ton emphatique et doctoral d'Arnolphe ? Est-ce seulement pour intimider Agnès qu'Arnolphe prend ce ton ? Quelle satisfaction personnelle sa vanité trouve-t-elle ici ? Peut-on entrevoir l'opinion qu'Arnolphe a de lui-même ? Commentez notamment les vers 687-688 ; quel comique contiennent-ils pour le spectateur qui peut apprécier les charmes de cet Arnolphe qu'il a sous les yeux ? — Agnès peut-elle être sensible à l'humiliation que lui inflige Arnolphe, même si son éducation ne l'a pas préparée à comprendre les préjugés qui opposent les différentes classes de la société ? En quoi Molière critique-t-il ici, à travers Arnolphe, l'attitude d'une classe sociale ?
● VERS 695-716. Analysez cette homélie sur le mariage : comment Arnolphe pousse-t-il jusqu'au grotesque certaine conception bourgeoise du mariage ? Relevez les maximes avec lesquelles il croit donner plus de poids à sa théorie. — Importance des vers 705-712 : pourquoi les différents exemples de discipline sociale cités ici ne peuvent-ils être mis sur le même plan que les liens du mariage ? — Est-il adroit de présenter le mariage sous cet aspect d'une servitude effrayante ?

L'ÉCOLE DES FEMMES AU THÉATRE DE L'ATHÉNÉE (1936)

Arnolphe (Louis Jouvet) et Agnès (Madeleine Ozeray).

C'est ce qu'entendent mal les femmes d'aujourd'hui.
Mais ne vous gâtez pas sur l'exemple d'autrui.
Gardez-vous d'imiter ces coquettes vilaines
720 Dont par toute la ville on chante les fredaines[1],
Et de vous laisser prendre aux assauts du malin[2],
C'est-à-dire d'ouïr aucun jeune blondin*.
Songez qu'en vous faisant moitié de ma personne,
C'est mon honneur*, Agnès, que je vous abandonne;
725 Que cet honneur* est tendre et se blesse de peu;
Que sur un tel sujet il ne faut point de jeu,
Et qu'il est aux enfers des chaudières bouillantes
Où l'on plonge à jamais les femmes mal vivantes[3].
Ce que je vous dis là ne sont pas des chansons,
730 Et vous devez du cœur dévorer ces leçons.
Si votre âme les suit et fuit d'être coquette,
Elle sera toujours comme un lis blanche et nette;
Mais, s'il faut qu'à l'honneur* elle fasse un faux bond[4],
Elle deviendra lors noire comme un charbon;
735 Vous paraîtrez à tous un objet effroyable,
Et vous irez un jour, vrai partage du diable,
Bouillir dans les enfers à toute éternité,
Dont vous veuille[5] garder la céleste bonté.
Faites la révérence. Ainsi qu'une novice[6]
740 Par cœur dans le couvent doit savoir son office[7],
Entrant au mariage, il en faut faire autant :
        (Il se lève.)
Et voici dans ma poche un écrit important
Qui vous enseignera l'office de la femme.
J'en ignore l'auteur, mais c'est quelque bonne âme,

---

1. *Fredaines* : écarts de conduite ; 2. *Malin* : terme traditionnel (le Méchant) pour désigner Satan ; 3. *Mal vivantes.* Aujourd'hui, nous emploierions le participe présent invariable ; 4. *Faire un faux bond* : dévier en rebondissant, en parlant d'une balle, d'où manquer à un engagement ; ici manquer à l'honneur ; 5. *Dont vous veuille* (subjonctif de prière) : puisse la céleste bonté vous garder de cela (bouillir dans les enfers) ; 6. *Novice :* celle qui vient d'entrer dans un ordre religieux (voir *petit frère*, vers 708) ; 7. *Office :* service divin, prières à réciter.

──────── **QUESTIONS** ────────

● VERS 717-738. Pourquoi toutes ces mises en garde contre les tentations ? Comment se traduit ici (vers 724-725) l'obsession qu'a Arnolphe d'être un mari trompé ? Combien de fois Arnolphe a-t-il, depuis le début de cette scène, utilisé la menace de l'Enfer pour effrayer Agnès ? Quelles images sont plus particulièrement destinées ici à frapper l'imagination d'Agnès ?

745 Et je veux que ce soit votre unique entretien[1].
　　Tenez. Voyons un peu si vous le lirez bien.

AGNÈS, *lit.*

LES MAXIMES DU MARIAGE

OU

LES DEVOIRS DE LA FEMME MARIÉE,

Avec son exercice journalier.

(handwritten note in margin: Je moque-t-il de la religion ?)

Iʳᵉ Maxime,

　　Celle qu'un lien honnête*
　　Fait entrer au lit d'autrui
　　Doit se mettre dans la tête,
750　　Malgré le train d'aujourd'hui,
Que l'homme qui la prend ne la prend que pour lui.

ARNOLPHE

Je vous expliquerai ce que cela veut dire ;
Mais, pour l'heure présente, il ne faut rien que lire.

AGNÈS, *poursuit.*

IIᵉ Maxime.

　　Elle ne se doit parer
755　　Qu'autant que peut désirer
　　Le mari qui la possède.
C'est lui que touche seul le soin de sa beauté,
　　Et pour rien doit être compté
　　Que les autres la trouvent laide.

IIIᵉ Maxime.

760　　Loin ces études d'œillades,
　　Ces eaux, ces blancs[2], ces pommades,
Et mille ingrédients qui font des teints fleuris !
A l'honneur tous les jours ce sont drogues mortelles,
　　Et les soins de paraître belles
765　　Se prennent peu pour les maris.

IVᵉ Maxime.

Sous sa coiffe, en sortant, comme l'honneur* l'ordonne.
Il faut que de ses yeux elle étouffe les coups :

---

　　1. *Votre unique entretien.* Parodie d'*Horace,* de Corneille, vers 1277 ;
2. *Blancs :* fards à base de blanc de céruse.

― **QUESTIONS** ―――――――――

● Vers 739-746. Comparez la fin du discours d'Arnolphe à son début
(vers 675-678) ainsi qu'aux vers 705-708 : par quels moyens Arnolphe
tient-il Agnès en état de soumission ? Qu'y a-t-il d'absurde à comparer
la vie conjugale à la vie monastique ?

Car, pour bien plaire à son époux,
Elle ne doit plaire à personne.

Ve MAXIME.

770 Hors ceux dont au mari la visite se rend,
La bonne règle défend
De recevoir aucune âme.
Ceux qui, de galante* humeur,
N'ont affaire qu'à Madame,
775   N'accommodent[1] pas Monsieur.

VIe MAXIME.

Il faut des présents des hommes
Qu'elle se défende bien :
Car, dans le siècle où nous sommes,
On ne donne rien pour rien.

VIIe MAXIME.

780 Dans ses meubles[2], dût-elle en avoir de l'ennui,
Il ne faut écritoire[3], encre, papier ni plumes.
Le mari doit, dans les bonnes coutumes,
Écrire tout ce qui s'écrit chez lui.

VIIIe MAXIME.

Ces sociétés déréglées,
785   Qu'on nomme belles assemblées,
Des femmes, tous les jours, corrompent les esprits.
En bonne politique[4], on les doit interdire,
Car c'est là que l'on conspire
Contre les pauvres maris.

IXe MAXIME.

790 Toute femme qui veut à l'honneur* se vouer
Doit se défendre de jouer,
Comme d'une chose funeste :
Car ce jeu fort décevant,
Pousse une femme souvent
795   A jouer de tout son reste.

Xe MAXIME.

Des promenades du temps,
Ou repas qu'on donne aux champs,
Il ne faut pas qu'elle essaye;
Selon les prudents cerveaux,

---

1. *N'accommodent pas* : ne plaisent pas à ; 2. *Meubles*. Sens très général : tout ce qui peut être déplacé ; 3. *Écritoire* : étui contenant ce qui était nécessaire pour écrire (nom féminin); 4. *En bonne politique* : quand on dirige bien sa maison.

800   Le mari dans ces cadeaux[1],
         Est toujours celui qui paye.

                    XIᵉ Maxime...

                    ARNOLPHE

Vous achèverez seule, et pas à pas[2] tantôt
Je vous expliquerai ces choses comme il faut.
Je me suis souvenu d'une petite affaire;
805 Je n'ai qu'un mot à dire et ne tarderai guère.
Rentrez, et conservez ce livre chèrement[3].
Si le notaire vient, qu'il m'attende un moment.

---

1. *Cadeaux :* « repas, fête que l'on donne à ces dames » (*Dict. Acad.,* 1694).
Voir un exemple de cadeau dans *le Menteur,* de Corneille (I, v, vers 263-296) ;
2. *Pas à pas :* mot à mot ; **3.** *Chèrement :* précieusement.

─────── QUESTIONS ───────

● Vers 747-807. Le caractère négatif de ces maximes : relevez dans
chacune d'elles les termes qui insistent sur l'interdiction ; énumérez tout
ce qui, d'après ces dix maximes, reste interdit à la femme mariée. La
parodie des commandements de la morale chrétienne : relevez quelques
effets de style destinés à créer cette impression dans l'esprit du spectateur. L'interprétation du rôle d'Agnès dans cette partie de la scène. —
Très souvent, la comédienne qui tient le rôle lit péniblement ces maximes
d'une voie hésitante, qui, à mesure que la lecture avance, s'entrecoupe
de soupirs et de sanglots de plus en plus violents : quels sentiments
s'expriment par cette attitude ? Comment imaginez-vous Arnolphe au
cours de cette lecture ?

■ Sur l'ensemble de la scène II. — Cette scène fait-elle avancer
l'action ? Quelle est son importance, compte tenu de la place qu'elle
occupe dans l'ensemble de la pièce ?
    — La satire de la morale bourgeoise traditionnelle : Arnolphe est-il
capable de comprendre l'amour dans le mariage ? Sur quels sentiments
croit-il pouvoir fonder un « bon mariage » ? Est-ce la différence d'âge
qui s'oppose à ce qu'Agnès le comprenne (voir à ce propos le thème
de *l'École des maris*) ? Citez dans le théâtre de Molière d'autres personnages qui démontrent l'incurable maladresse des bourgeois à parler
de sentiments.
    — La psychologie d'Arnolphe : à quels moments parle-t-il à Agnès
comme à une enfant ? A quels moments la considère-t-il comme une
grande personne ? Agnès peut-elle comprendre toutes les « vérités »
qu'Arnolphe veut lui inculquer ? Quel peut être son état d'esprit pendant
toute cette scène ? — Analysez en particulier l'usage qu'Arnolphe fait
ici de la religion : quelle image confuse, mais terrifiante, Agnès peut-elle
se faire du mariage après le sermon d'Arnolphe ? Peut-on dire que
Molière ait cherché à atteindre la religion elle-même à travers les propos d'Arnolphe ?
    — Les idées de Molière sur la condition de la femme. Dans quelle
mesure rejoint-il les précieuses dans leur lutte pour une certaine émancipation de la femme ? En prenant par exemple Elmire dans *le Tartuffe,* montrez quel peut être pour Molière l'idéal de la femme mariée.

Scène III. — ARNOLPHE.

Je ne puis faire mieux que d'en faire ma femme.
Ainsi que je voudrai je tournerai cette âme :
810 Comme un morceau de cire entre mes mains elle est,
Et je lui puis donner la forme qui me plaît.
Il s'en est peu fallu que, durant mon absence,
On ne m'ait attrapé par son trop d'innocence* ;
Mais il vaut beaucoup mieux, à dire vérité,
815 Que la femme qu'on a pèche de ce côté.
De ces sortes d'erreurs le remède est facile :
Toute personne simple* aux leçons est docile,
Et, si du bon chemin on l'a fait écarter,
Deux mots incontinent l'y peuvent rejeter.
820 Mais une femme habile[1] est bien une autre bête :
Notre sort ne dépend que de sa seule tête[2],
De ce qu'elle s'y met rien ne la fait gauchir[3],
Et nos enseignements ne font là que blanchir[4].
Son bel esprit lui sert à railler nos maximes,
825 A se faire souvent des vertus de ses crimes,
Et trouver, pour venir à ses coupables fins,
Des détours à duper l'adresse des plus fins.
Pour se parer du coup en vain on se fatigue :
Une femme d'esprit est un diable en intrigue,
830 Et, dès que son caprice a prononcé tout bas
L'arrêt de notre honneur*, il faut passer le pas[5].
Beaucoup d'honnêtes gens en pourraient bien que dire[6].
Enfin mon étourdi n'aura pas lieu d'en rire :
Par son trop de caquet il a ce qu'il lui faut.
835 Voilà de nos Français l'ordinaire défaut.
Dans la possession d'une bonne fortune,
Le secret est toujours ce qui les importune,
Et la vanité sotte a pour eux tant d'appas
Qu'ils se pendraient plutôt que de ne causer pas.
840 Eh ! que les femmes sont du diable bien tentées
Lorsqu'elles vont choisir ces têtes éventées[7],

---

1. *Habile* : intelligente et spirituelle ; **2.** De sa volonté (rapprochez l'expression « n'en faire qu'à sa tête ») ; **3.** *Gauchir* : dévier ; **4.** *Blanchir* : guérir le mal superficiellement ; **5.** *Passer le pas* : franchir le mauvais passage, c'est-à-dire, ici, « être trompé » ; **6.** Auraient de quoi parler longuement ; **7.** *Éventé* : altéré par l'évent (exemple : un « vin éventé »). D'où, ici, « étourdi ».

Et que... Mais le voici, cachons-nous toujours bien,
Et découvrons un peu quel chagrin est le sien.

Scène IV. — HORACE, ARNOLPHE.

HORACE

Je reviens de chez vous, et le destin me montre
845 Qu'il n'a pas résolu que je vous y rencontre.
Mais j'irai tant de fois qu'enfin quelque moment...

ARNOLPHE

Hé! mon Dieu, n'entrons point dans ce vain compliment.
Rien ne me fâche tant que ces cérémonies,
Et, si l'on m'en croyait, elles seraient bannies.
850 C'est un maudit usage, et la plupart des gens
Y perdent sottement les deux tiers de leur temps.
Mettons donc[1], sans façons. Hé bien! vos amourettes?
Puis-je, Seigneur Horace, apprendre où vous en êtes?
J'étais tantôt distrait par quelque vision[2];
855 Mais, depuis, là-dessus, j'ai fait réflexion :
De vos premiers progrès j'admire la vitesse,
Et dans l'événement mon âme s'intéresse.

HORACE

Ma foi, depuis qu'à vous s'est découvert mon cœur,
Il est à mon amour arrivé du malheur.

ARNOLPHE

860 Oh! oh! comment cela?

HORACE

                    La fortune cruelle
A ramené des champs le patron de la belle.

---

1. *Mettons donc...* notre chapeau (expression alors usuelle); 2. *Vision :* rêverie.

■ QUESTIONS

■ Sur la scène III. — Etudiez la composition de ce monologue : quel aspect de la personnalité d'Arnolphe reparaît ici ? A quoi voit-on qu'il a retrouvé confiance en lui-même ? Montrez l'égoïsme cynique qui perce à travers ses théories sur l'« innocence » des femmes.
— Pourquoi Arnolphe pense-t-il triompher à la fois d'Agnès et d'Horace ?

ARNOLPHE

Quel malheur!

HORACE

Et de plus, à mon très grand regret
Il a su de nous deux le commerce secret.

ARNOLPHE

D'où, diantre! a-t-il sitôt appris cette aventure?

HORACE

865 Je ne sais; mais enfin c'est une chose sûre.
Je pensais aller rendre, à mon heure à peu près,
Ma petite visite à ses jeunes attraits,
Lorsque, changeant pour moi de ton et de visage,
Et servante et valet m'ont bouché le passage,
870 Et d'un : *Retirez-vous, vous nous importunez*,
M'ont assez rudement fermé la porte au nez.

ARNOLPHE

La porte au nez!

HORACE

Au nez.

ARNOLPHE

La chose est un peu forte.

HORACE

J'ai voulu leur parler au travers de la porte;
Mais à tous mes propos ce qu'ils m'ont répondu,
875 C'est : *Vous n'entrerez point, Monsieur l'a défendu*.

ARNOLPHE

Ils n'ont donc point ouvert?

HORACE

Non; et de la fenêtre
Agnès m'a confirmé le retour de ce maître
En me chassant de là d'un ton plein de fierté,
Accompagné d'un grès que sa main a jeté.

ARNOLPHE

880 Comment, d'un grès?

HORACE

D'un grès de taille non petite,
Dont on a par ses mains régalé ma visite.

ARNOLPHE

Diantre! ce ne sont pas des prunes[1] que cela,
Et je trouve fâcheux l'état où vous voilà.

HORACE

Il est vrai, je suis mal par ce retour funeste.

ARNOLPHE

885 Certes j'en suis fâché pour vous, je vous proteste.

HORACE

Cet homme me rompt tout.

ARNOLPHE

                Oui, mais cela n'est rien,
Et de vous raccrocher vous trouverez moyen.

HORACE

Il faut bien essayer par quelque intelligence
De vaincre du jaloux* l'exacte vigilance.

ARNOLPHE

890 Cela vous est facile, et la fille, après tout,
Vous aime?

HORACE

        Assurément.

ARNOLPHE

                Vous en viendrez à bout.

HORACE

Je l'espère.

ARNOLPHE

          Le grès vous a mis en déroute;
Mais cela ne doit pas vous étonner.

---

1. *Des prunes :* peu de chose. Rapprochez l'expression populaire encore usuelle : « pour des prunes ».

QUESTIONS

● Vers 844-893. Est-il vraisemblable qu'Horace et Arnolphe se rencontrent à ce moment et à cet endroit ? Le comique de situation : le spectateur sait-il déjà ce qui s'est passé lors de la dernière visite d'Horace (v. vers 659) ? Quel intérêt prend-on cependant à cette partie de la scène ? Comment Molière a-t-il développé et prolongé l'effet comique ? Les sentiments d'Arnolphe : comment savoure-t-il le plaisir de sa victoire ?

HORACE

Sans doute;
Et j'ai compris d'abord que mon homme était là,
895 Qui, sans se faire voir, conduisait tout cela.
Mais ce qui m'a surpris, et qui va vous surprendre,
C'est un autre incident que vous allez entendre,
Un trait hardi qu'a fait cette jeune beauté,
Et qu'on n'attendrait point de sa simplicité*.
900 Il le faut avouer, l'amour est un grand maître[1].
Ce qu'on ne fut jamais, il nous enseigne à l'être,
Et souvent de nos mœurs l'absolu changement
Devient par ses leçons l'ouvrage d'un moment.
De la nature en nous il force les obstacles,
905 Et ses effets soudains ont de l'air des miracles :
D'un avare à l'instant il fait un libéral,
Un vaillant d'un poltron, un civil d'un brutal;
Il rend agile à tout l'âme la plus pesante,
Et donne de l'esprit à la plus innocente*.
910 Oui, ce dernier miracle éclate dans Agnès,
Car, tranchant avec moi par ces termes exprès[2] :
Retirez-vous, mon âme aux visites renonce ;
Je sais tous vos discours, et voilà ma réponse,
Cette pierre, ou ce grès, dont vous vous étonniez,
915 Avec un mot de lettre est tombée à mes pieds;
Et j'admire de voir cette lettre ajustée
Avec le sens des mots et la pierre jetée[3].
D'une telle action n'êtes-vous pas surpris?
L'amour sait-il pas l'art d'aiguiser les esprits?
920 Et peut-on me nier que ses flammes puissantes
Ne fassent dans un cœur des choses étonnantes[4]?
Que dites-vous du tour et de ce mot d'écrit?
Euh! n'admirez-vous point cette adresse d'esprit?
Trouvez-vous pas plaisant de voir quel personnage
925 A joué mon jaloux* dans tout ce badinage?
Dites.

ARNOLPHE

Oui, fort plaisant.

---

1. Voir *la Suite du « Menteur »*, de Corneille, vers 595 : « L'amour est un grand maître, il instruit tout d'un coup »; 2. Coupant court par ces paroles bien choisies; 3. *La pierre jetée* : le jet de la pierre; 4. *Étonnantes :* stupéfiantes (sens fort).

HORACE

Riez-en donc un peu.

(Arnolphe rit d'un ris forcé.)

Cet homme gendarmé[1] d'abord contre mon feu,
Qui chez lui se retranche[2] et de grès fait parade,
Comme si j'y voulais entrer par escalade,
930 Qui pour me repousser, dans son bizarre[3] effroi,
Anime du dedans tous ses gens contre moi,
Et qu'abuse à ses yeux, par sa machine[4] même,
Celle qu'il veut tenir dans l'ignorance* extrême!
Pour moi, je vous l'avoue, encor que son retour
935 En un grand embarras jette ici mon amour,
Je tiens cela plaisant autant qu'on saurait dire;
Je ne puis y songer sans de bon cœur en rire;
Et vous n'en riez pas assez, à mon avis.

ARNOLPHE, *avec un ris forcé.*

Pardonnez-moi, j'en ris tout autant que je puis.

HORACE

940 Mais il faut qu'en ami je vous montre la lettre.
Tout ce que son cœur sent, sa main a su l'y mettre,
Mais en termes touchants, et tous[5] pleins de bonté,
De tendresse innocente* et d'ingénuité*;
De la manière enfin que la pure nature
945 Exprime de l'amour la première blessure.

ARNOLPHE, *bas.*

Voilà, friponne, à quoi l'écriture te sert,

---

1. *Gendarmé* : furieux et prêt à se défendre (avec une nuance de ridicule);
2. Fait de sa maison un retranchement (rapprochez de « gendarmé », et plus
loin « parade », comme à l'escrime); 3. *Bizarre* : saugrenu, maniaque;
4. *Machine* : machination; 5. *Tous*, adverbe traité en adjectif (usuel au
XVIIᵉ siècle).

———— **QUESTIONS** ————

● Vers 894-926. L'effet produit par le coup de théâtre du vers 915;
comment Molière le fait-il attendre au spectateur et à Arnolphe? —
Comment l'esprit vient-il aux filles, d'après Horace (vers 900-909)?
Peut-on penser que ces réflexions reflètent la pensée de Molière lui-
même? — Le ton d'Horace dans cette tirade : quels sentiments percent
à travers sa volubilité? Le renversement de la situation comique.

● Vers 926-939. Comment se développe la situation comique créée
par la révélation d'Horace? A quelle nécessité en est réduit Arnolphe
face à son propre portrait fait par Horace?

Et contre mon dessein, l'art t'en fut découvert.

HORACE, *lit.*

Je veux vous écrire, et je suis bien en peine par où[1] je m'y prendrai. J'ai des pensées que je désirerais que vous sussiez; mais je ne sais comment faire pour vous les dire, et je me défie de mes paroles. Comme je commence à connaître qu'on m'a toujours tenue dans l'ignorance, j'ai peur de mettre quelque chose qui ne soit pas bien, et d'en dire plus que je ne devrais. En vérité, je ne sais ce que vous m'avez fait, mais je sens que je suis fâchée à mourir de ce qu'on me fait faire contre vous, que j'aurai toutes les peines du monde à me passer de vous, et que je serais bien aise d'être à vous. Peut-être qu'il y a du mal à dire cela; mais enfin je ne puis m'empêcher de le dire, et je voudrais que cela se pût faire sans qu'il y en eût. On me dit fort que tous les jeunes hommes sont des trompeurs, qu'il ne les faut point écouter, et que tout ce que vous me dites n'est que pour m'abuser; mais je vous assure que je n'ai pu encore me figurer cela de vous; et je suis si touchée de vos paroles que je ne saurais croire qu'elles soient menteuses. Dites-moi franchement ce qui en est : car enfin, comme je suis sans malice[2], vous auriez le plus grand tort du monde si vous me trompiez, et je pense que j'en mourrais de déplaisir[3].

ARNOLPHE, *à part.*

Hon! chienne!

HORACE

Qu'avez-vous?

_____

1. *Par où* : de savoir par où; 2. *Malice* : inclination à mal faire. « Il est sans malice » se dit aussi d'un simple; 3. *Déplaisir* : désespoir.

──────── **QUESTIONS** ────────

● VERS 940-947. Montrez que la réplique d'Horace est destinée à justifier sur le plan dramatique et psychologique la lecture de la lettre. Importance des vers 946-947 : comment s'y prend Molière pour expliquer qu'Agnès sache écrire? Peut-on supposer qu'Agnès a volontairement tenté de remédier à l'ignorance dans laquelle on la laissait?

● TEXTE DE LA LETTRE. — Analysez la fraîcheur et la spontanéité des sentiments dans cette lettre : quelles qualités du cœur se révèlent chez Agnès? — Les qualités d'esprit : comment Agnès a-t-elle pu prendre conscience qu'on l'a *tenue dans l'ignorance?* Quelles vérités morales son intuition lui a-t-elle fait découvrir? En quoi a-t-elle du « bon sens », selon l'acception cartésienne de l'expression? — Le style de la lettre : comment Molière lui garde-t-il sa « naïveté » sans jamais glisser dans le ridicule? Peut-on reprocher à cet exercice de style de recourir à certains artifices pour créer une impression de simplicité?

ARNOLPHE

Moi? rien; c'est que je tousse.

HORACE

Avez-vous jamais vu d'expression plus douce?
950 Malgré les soins maudits d'un injuste pouvoir,
Un plus beau naturel peut-il se faire voir?
Et n'est-ce pas sans doute un crime punissable
De gâter méchamment ce fonds d'âme admirable,
D'avoir dans l'ignorance* et la stupidité*
955 Voulu de cet esprit étouffer la clarté?
L'amour a commencé d'en déchirer le voile,
Et si, par la faveur de quelque bonne étoile[1],
Je puis, comme j'espère, à ce franc animal[2],
Ce traître, ce bourreau, ce faquin[3], ce brutal[4]...

ARNOLPHE

960 Adieu.

HORACE

Comment! si vite?

ARNOLPHE

Il m'est dans la pensée
Venu tout maintenant[5] une affaire pressée.

HORACE

Mais ne sauriez-vous point, comme on la tient de près,
Qui dans cette maison pourrait avoir accès?
J'en use sans scrupule, et ce n'est pas merveille[6]
965 Qu'on se puisse entre amis servir à la pareille[7];
Je n'ai plus là dedans que gens pour m'observer,
Et servante et valet, que je viens de trouver,
N'ont jamais, de quelque air que je m'y sois pu prendre,
Adouci leur rudesse à me vouloir entendre.

---

1. Expression tirée de l'astrologie; des expressions de ce genre sont courantes à l'époque; 2. *Franc* renforce l'injure : à l'état pur; 3. *Faquin :* homme de rien, portefaix; 4. *Brutal :* bête brute; 5. *Tout maintenant :* à l'instant même (rapprocher de « tout de suite, tout à l'heure »); 6. Ce n'est pas étonnant si...; 7. *A la pareille :* à charge de revanche.

QUESTIONS

● Vers 948-959. Relevez dans la tirade d'Horace (vers 949-959) les termes qui définissent les qualités essentielles d'Agnès : cet éloge est-il exagéré? L'indignation d'Horace contre Arnolphe est-elle légitime? Dans quelle mesure Molière s'exprime-t-il ici par la bouche d'Horace?

970 J'avais pour de tels coups certaine vieille en main,
D'un génie[1], à vrai dire, au-dessus de l'humain.
Elle m'a dans l'abord[2] servi de bonne sorte,
Mais depuis quatre jours la pauvre femme est morte.
Ne me pourriez-vous point ouvrir quelque moyen ?

ARNOLPHE

975 Non vraiment, et sans moi vous en trouverez bien.

HORACE

Adieu donc. Vous voyez ce que je vous confie.

SCÈNE V. — ARNOLPHE.

Comme il faut devant lui que je me mortifie !
Quelle peine à cacher mon déplaisir cuisant !
Quoi ! pour une innocente*, un esprit si présent[3] !
980 Elle a feint d'être telle à mes yeux, la traîtresse,
Ou le diable à son âme a soufflé cette adresse.
Enfin me voilà mort par ce funeste écrit.
Je vois qu'il a, le traître, empaumé[4] son esprit,
Qu'à[5] ma suppression il s'est ancré[6] chez elle,
985 Et c'est mon désespoir et ma peine mortelle.
Je souffre doublement dans le vol de son cœur,
Et l'amour y pâtit aussi bien que l'honneur.

---

1. *Génie* : talent ; 2. *Dans l'abord* : au début ; 3. *Présent* : adapté aux circonstances ; 4. *Empaumer une balle* : bien la saisir, d'où « se rendre maître de... » ; 5. *A* : en vue de ; 6. *S'ancrer* : s'établir fermement, comme un navire qui a jeté l'ancre.

● **QUESTIONS** ──────────────

● Vers 960-976. Pourquoi Arnolphe rompt-il la conversation aux vers 960-962 ? — Voit-on comment Horace pourrait maintenant poursuivre son intrigue ? Pourquoi Molière imagine-t-il que la vieille est morte (vers 970-974) ?

■ Sur l'ensemble de la scène IV. — La composition de cette scène. Comparez son mouvement à celui de la scène IV de l'acte premier : ressemblances et différences. L'utilisation d'un même effet dramatique nuit-il à l'intérêt ? Montrez qu'il y a ici progression en même temps que répétition.
— Le caractère d'Agnès tel que le révèlent ses agissements et le texte de sa lettre. Pouvait-on, à voir son silence et sa soumission lors de la scène II de ce même acte III, imaginer qu'elle était capable de tant de hardiesse ? Faut-il lui reprocher sa dissimulation à l'égard d'Arnolphe ? Quelles conclusions tirer de cette scène sur le système d'éducation appliqué par Arnolphe à une jeune fille qui a pourtant toutes les qualités naturelles capables de faire une « honnête femme » ?

J'enrage de trouver cette place usurpée[1],
Et j'enrage de voir ma prudence trompée.
990 Je sais que pour punir son amour libertin
Je n'ai qu'à laisser faire à son mauvais destin[2],
Que je serai vengé d'elle par elle-même;
Mais il est bien fâcheux de perdre ce qu'on aime.
Ciel! puisque pour un choix j'ai tant philosophé[3],
Faut-il de ses appas m'être si fort coiffé!
995 Elle n'a ni parents, ni support[4], ni richesse;
Elle trahit mes soins, mes bontés, ma tendresse;
Et cependant je l'aime, après ce lâche tour,
Jusqu'à ne me pouvoir passer de cet amour.
1000 Sot, n'as-tu point de honte? Ah! je crève, j'enrage
Et je souffletterais mille fois mon visage.
Je veux entrer un peu, mais seulement pour voir
Quelle est sa contenance après un trait si noir.
Ciel! faites que mon front[5] soit exempt de disgrâce,
1005 Ou bien, s'il est écrit qu'il faille que j'y passe[6],
Donnez-moi, tout au moins, pour de tels accidents,
La constance[7] qu'on voit à de certaines gens.

---

1. *Usurpée :* prise contrairement au droit ; 2. *Mauvais destin :* la destinée funeste qui la pousse à cet amour malheureux et la perdra ; 3. *Philosophé :* profondément réfléchi (souvent ironique) ; 4. *Support :* soutien ; 5. Allusion aux cornes des maris trompés ; 6. Voir vers 831 : « passer le pas » ; 7. *Constance :* force d'âme, impassibilité (ironique).

──────── **QUESTIONS** ────────

■ Sur la scène v. — Les différentes passions qui agitent Arnolphe. Est-ce seulement sa vanité qui est blessée? Quel sentiment avoue-t-il pour la première fois? Analysez en particulier les vers 990-999.

— Arnolphe est-il émouvant dans sa détresse? Quels vers le rendent ridicule soit à cause de son aveuglement, soit à cause de ses attitudes (vers 1000-1001)? Appréciez le comique de la prière finale (vers 1004-1007).

— Comparez ce monologue à celui de la scène III du même acte : l'effet de contraste.

■ Sur l'ensemble de l'acte III. — Composition de l'acte : comparez sa structure à celle du premier acte ; comment ces deux actes illustrent-ils l'inutilité des précautions prises par Arnolphe?

— Le personnage d'Agnès, son évolution depuis l'acte II. Dans quelle mesure Arnolphe est-il cause de la ruse à laquelle Agnès a eu recours? Quelle conclusion en tirer sur le système d'éducation d'Arnolphe? Comment Agnès prend-elle conscience de ses sentiments et de sa personnalité?

— Le personnage d'Arnolphe n'a-t-il pas évolué lui aussi? De quel sentiment prend-il conscience, à mesure qu'il voit Agnès lui échapper? Quelle est son intention à la fin de l'acte? Qu'espère-t-il obtenir d'Agnès?

ACTE IV

SCÈNE PREMIÈRE. — ARNOLPHE.

J'ai peine, je l'avoue, à demeurer en place,
Et de mille soucis mon esprit s'embarrasse
1010 Pour pouvoir mettre un ordre et dedans et dehors
Qui du godelureau¹* rompe tous les efforts.
De quel œil la traîtresse a soutenu ma vue !
De tout ce qu'elle a fait elle n'est point émue,
Et, bien qu'elle me mette à deux doigts du trépas,
1015 On dirait, à la voir, qu'elle n'y touche pas².
Plus en la regardant je la voyais tranquille,
Plus je sentais en moi s'échauffer une bile³ ;
Et ces bouillants transports dont s'enflammait mon cœur
Y semblaient redoubler mon amoureuse ardeur.
1020 J'étais aigri, fâché, désespéré contre elle,
Et cependant jamais je ne la vis si belle ;
Jamais ses yeux aux miens n'ont paru si perçants⁴,
Jamais je n'eus pour eux des désirs si pressants,
Et je sens là dedans⁵ qu'il faudra que je crève
1025 Si de mon triste sort la disgrâce s'achève.
Quoi ! j'aurai dirigé son éducation
Avec tant de tendresse et de précaution,
Je l'aurai fait passer chez moi dès son enfance,
Et j'en aurai chéri la plus tendre espérance,
1030 Mon cœur aura bâti⁶ sur ses attraits naissants,
Et cru la mitonner⁷ pour moi durant treize ans,
Afin qu'un jeune fou dont elle s'amourache

---

1. *Godelureau* : jeune étourdi qui fait le joli cœur auprès des femmes ;
2. Qu'elle est une sainte (rapprochez de « sainte Nitouche ») ; 3. *Bile :* humeur
de la colère (rapprochez de « atrabilaire » ou « mélancolique ») ; 4. *Perçants*
(au sens moral) : qui blessent le cœur ; 5. Il fait un geste vers son cœur ;
6. Construit des projets (rapprochez de « bâtir des châteaux en Espagne ») ;
7. *Mitonner* : dorloter, prendre un grand soin de tout ce qui regarde la santé
et les aises d'une personne. Primitivement, préparer un plat en faisant cuire
à feu doux. — Agnès a donc dix-sept ans (vers 130).

■ QUESTIONS

● VERS 1008-1015. Que s'est-il passé au cours de l'entracte ? La nervosité brouillonne d'Arnolphe, chaque fois que ses plans échouent (acte II
scène II), ne révèle-t-elle pas la faiblesse profonde de son caractère ?
● VERS 1016-1025. L'expression du sentiment amoureux chez Arnolphe : notez toujours la bassesse de l'expression.
● VERS 1024. Pourquoi ne voulait-il pas parler des sentiments ?

Me la vienne enlever jusque sur la moustache[1],
Lorsqu'elle est avec moi mariée à demi?
1035 Non, parbleu! non, parbleu! petit sot, mon ami,
Vous aurez beau tourner, ou j'y perdrai mes peines,
Ou je rendrai, ma foi, vos espérances vaines,
Et de moi tout à fait vous ne vous rirez point.

Scène II. — LE NOTAIRE, ARNOLPHE.

LE NOTAIRE

Ah! le voilà! Bonjour : me voici tout à point[2]
1040 Pour dresser le contrat que vous souhaitez faire.

ARNOLPHE, *sans le voir*.

Comment faire?

LE NOTAIRE

Il le faut dans la forme ordinaire.

ARNOLPHE, *sans le voir*.

A mes précautions je veux songer de près.

LE NOTAIRE

Je ne passerai[3] rien contre vos intérêts.

ARNOLPHE, *sans le voir*.

Il se faut garantir de toutes les surprises.

LE NOTAIRE

1045 Suffit qu'entre mes mains vos affaires soient mises.
Il ne vous faudra point, de peur d'être déçu,
Quittancer[4] le contrat que vous n'ayez reçu.

---

1. Rapprochez de l'expression « à la barbe des gens »; 2. *Tout à point :*
au bon moment; 3. *Passer :* faire figurer dans l'acte notarié; 4. *Quittancer :*
écrire sur le dos ou dans la marge d'un contrat que le débiteur a payé.

--- **QUESTIONS** ---

● Vers 1025-1038. Montrez qu'il y a surtout au fond de l'âme d'Arnolphe une rage de propriétaire déçu (vers 1031) et une pique d'amour-
propre (vers 1035-1038).

■ Sur l'ensemble de la scène première. — Combien y a-t-il eu de
monologues d'Arnolphe depuis le début de la pièce? Comment se
justifie, sur le plan dramatique et psychologique, une telle surabon-
dance?
 — Comparez ce monologue à celui qui termine l'acte III (scène v).
Quel nouvel échec a subi Arnolphe? Comment le spectateur, sans voir
Agnès, devine-t-il l'évolution des sentiments de celle-ci?

ARNOLPHE, *sans le voir.*

J'ai peur, si je vais faire éclater quelque chose,
Que de cet incident par la ville on ne cause.

LE NOTAIRE

1050 Eh bien, il est aisé d'empêcher cet éclat,
Et l'on peut en secret faire votre contrat.

ARNOLPHE, *sans le voir.*

Mais comment faudra-t-il qu'avec elle j'en sorte?

LE NOTAIRE

Le douaire[1] se règle au bien qu'on vous apporte.

ARNOLPHE, *sans le voir.*

Je l'aime, et cet amour est mon grand embarras.

LE NOTAIRE

1055 On peut avantager une femme, en ce cas.

ARNOLPHE, *sans le voir.*

Quel traitement lui faire en pareille aventure?

LE NOTAIRE

L'ordre est que le futur doit douer[2] la future
Du tiers du dot[3] qu'elle a; mais cet ordre n'est rien,
Et l'on va plus avant lorsque l'on le veut bien.

ARNOLPHE, *sans le voir.*

1060 Si...

LE NOTAIRE *(Arnolphe l'apercevant.)*

Pour le préciput[5], il les regarde ensemble.
Je dis que le futur peut, comme bon lui semble,
Douer la future.

ARNOLPHE

Eh!

LE NOTAIRE

Il peut l'avantager
Lorsqu'il l'aime beaucoup et qu'il veut l'obliger,

---

1. *Douaire* : portion de biens qui est donnée à une femme par son mari à l'occasion du mariage, dont elle jouit pour son entretien après la mort de son mari, et qui descend après elle à ses enfants; **2.** *Douer* : doublet de « doter »; **3.** *Dot* est masculin souvent à l'époque; **4.** *Préciput* : avantage pris sur la communauté avant le partage des biens et stipulé par contrat en faveur du survivant des conjoints.

Le décor mobile de Christian Bérard (Athénée, 1936).

La scène II de l'acte IV dans la mise en scène de Louis Jouvet.

La présence du clerc de notaire, personnage muet, à la mimique grotesque,
l'attitude d'Arnolphe perché sur son échelle accentuent les éléments de la
farce dans cette scène.

Phot. Lipnitzki.

L'ÉCOLE DES FEMMES A LA COMÉDIE-FRANÇAISE (1959)

Georgette, Arnolphe (Jean Meyer) et Alain.

Et cela par douaire, ou préfix[1], qu'on appelle,
1065 Qui demeure perdu par le trépas d'icelle[2],
Ou sans retour, qui va de ladite à ses hoirs[3],
Ou coutumier[4], selon les différents vouloirs;
Ou par donation dans le contrat formelle,
Qu'on fait ou pure et simple[5], ou qu'on fait mutuelle[6].
1070 Pourquoi hausser le dos? Est-ce qu'on parle en fat,
Et que l'on ne sait pas les formes d'un contrat?
Qui me les apprendra? Personne, je présume.
Sais-je pas qu'étant joints[7] on est par la coutume
Communs en meubles, biens, immeubles et conquets[8],
1075 A moins que par un acte on y renonce exprès?
Sais-je pas que le tiers du bien de la future
Entre en communauté, pour...

ARNOLPHE

              Oui, c'est chose sûre,
Vous savez tout cela; mais qui vous en dit mot?

LE NOTAIRE

Vous, qui me prétendez faire passer pour sot,
1080 En me haussant l'épaule et faisant la grimace.

ARNOLPHE

La peste soit fait l'homme[9], et sa chienne de face!
Adieu : c'est le moyen de vous faire finir.

LE NOTAIRE

Pour dresser un contrat m'a-t-on pas fait venir?

ARNOLPHE

Oui, je vous ai mandé; mais la chose est remise,
1085 Et l'on vous mandera quand l'heure sera prise.
Voyez quel diable d'homme avec son entretien!

---

1. *Préfix* : douaire constitué par une somme fixée par le contrat de mariage ;
2. *Icelle* : vieux démonstratif conservé dans la langue juridique ; 3. *Hoirs* :
héritiers (vocabulaire juridique) ; 4. *Coutumier* : établi par le droit coutumier ;
5. *Pure et simple* : en faveur d'un seul conjoint ; 6. *Mutuel* : en faveur du
survivant ; 7. *Joints* : pluriel se rapportant à *on* par syllepse ; 8. *Conquets* :
aujourd'hui acquêts de la communauté ; 9. *La peste soit fait l'homme* : la
peste soit de l'homme !

LE NOTAIRE

Je pense qu'il en tient[1], et je crois penser bien.

Scène III. — LE NOTAIRE, ALAIN, GEORGETTE, ARNOLPHE.

LE NOTAIRE

M'êtes-vous pas venu quérir pour votre maître?

ALAIN

Oui.

LE NOTAIRE

    J'ignore pour qui vous le pouvez connaître,
1090 Mais allez de ma part lui dire de ce pas
Que c'est un fou fieffé[2].

GEORGETTE

          Nous n'y manquerons pas.

Scène IV. — ALAIN, GEORGETTE, ARNOLPHE.

ALAIN

Monsieur...

ARNOLPHE

    Approchez-vous; vous êtes mes fidèles,
Mes bons, mes vrais amis, et j'en sais des nouvelles.

ALAIN

Le notaire...

---

1. Se dit quand un homme est amoureux, qu'il a trop bu ou qu'il est malade. Le notaire veut dire qu'Arnolphe en a un grain; 2. *Fieffé :* renforce les appellations injurieuses (comme si on faisait son *fief* d'un défaut ou d'un vice).

──────── **QUESTIONS** ────────

■ Sur la scène ii. — Étudiez les éléments de la farce dans cette scène : le comique traditionnel propre au notaire et l'effet obtenu par l'usage du jargon juridique; le comique de situation créé par le faux dialogue entre les deux personnages.

— Cette scène n'est-elle qu'un intermède comique? Pourquoi Arnolphe diffère-t-il la signature du contrat? Peut-on entrevoir ses motifs d'après cette scène?

ARNOLPHE

　　　Laissons, c'est pour quelqu'autre jour.
1095 On veut à mon honneur* jouer d'[1]un mauvais tour;
Et quel affront pour vous, mes enfants, pourrait-ce être,
Si l'on avait ôté l'honneur* à votre maître!
Vous n'oseriez après paraître en nul endroit,
Et chacun, vous voyant, vous montrerait au doigt.
1100 Donc, puisqu'autant que moi l'affaire vous regarde,
Il faut de votre part faire une telle garde
Que ce galant* ne puisse en aucune façon...

GEORGETTE

Vous nous avez tantôt montré notre leçon.

ARNOLPHE

Mais à ces beaux discours gardez bien de vous rendre.

ALAIN

1105 Oh! vraiment...

GEORGETTE

　　　Nous savons comme il faut s'en défendre.

ARNOLPHE, *à Alain.*

S'il venait doucement : « Alain, mon pauvre cœur,
Par un peu de secours soulage ma langueur. »

ALAIN

« Vous êtes un sot. »

ARNOLPHE, *à Georgette.*

　　　Bon! « Georgette, ma mignonne,
Tu me parais si douce et si bonne personne. »

GEORGETTE

1110 « Vous êtes un nigaud. »

ARNOLPHE, *à Alain.*

　　　Bon! « Quel mal trouves-tu
Dans un dessein honnête* et tout plein de vertu? »

---

1. Rapprochez des expressions encore usuelles : « jouer de malheur, de
bonheur, d'adresse ».

─────── **QUESTIONS** ───────

● VERS 1091-1102. Comment s'y prend Arnolphe pour intéresser Alain
et Georgette à la défense de son honneur ? Est-ce habile ?

ALAIN

« Vous êtes un fripon. »

ARNOLPHE, *à Georgette.*

Fort bien. « Ma mort est sûre
Si tu ne prends pitié des peines que j'endure. »

GEORGETTE

« Vous êtes un benêt, un impudent. »

ARNOLPHE

Fort bien.
1115 « Je ne suis pas un homme à vouloir rien pour rien,
Je sais quand on me sert en garder la mémoire :
Cependant par avance, Alain, voilà pour boire,
Et voilà pour t'avoir, Georgette, un cotillon[1].
(Ils tendent tous deux la main, et prennent l'argent.)
Ce n'est de mes bienfaits qu'un simple échantillon.
1120 Toute la courtoisie[2], enfin, dont je vous presse,
C'est que je puisse voir votre belle maîtresse. »

GEORGETTE, *le poussant.*

« A d'autres ! »

ARNOLPHE

Bon, cela !

ALAIN, *le poussant.*

« Hors d'ici ! »

ARNOLPHE

Bon !

GEORGETTE, *le poussant.*

« Mais tôt ! »

ARNOLPHE

Bon ! Holà ! c'est assez.

GEORGETTE

Fais-je pas comme il faut ?

ALAIN

Est-ce de la façon que vous voulez l'entendre ?

ARNOLPHE

1125 Oui, fort bien, hors l'argent, qu'il ne fallait pas prendre.

---

1. *Cotillon* : jupon des paysannes ; 2. *La courtoisie* : le bon office, le service.

GEORGETTE

Nous ne nous sommes pas souvenus de ce point.

ALAIN

Voulez-vous qu'à l'instant nous recommencions?

ARNOLPHE

Point.

Suffit, rentrez tous deux.

ALAIN

Vous n'avez rien qu'à dire[1].

ARNOLPHE

Non, vous dis-je, rentrez, puisque je le désire,
1130 Je vous laisse l'argent; allez, je vous rejoins.
Ayez bien l'œil à tout, et secondez mes soins.

SCÈNE V. — ARNOLPHE.

Je veux pour espion qui soit d'exacte vue
Prendre le savetier du coin de notre rue.
Dans la maison toujours je prétends la tenir,
1135 Y faire bonne garde, et surtout en bannir
Vendeuses de ruban, perruquières[2], coiffeuses,
Faiseuses de mouchoirs, gantières, revendeuses,
Tous ces gens qui sous main travaillent chaque jour
A faire réussir les mystères d'amour.
1140 Enfin j'ai vu le monde, et j'en sais les finesses.
Il faudra que mon homme ait de grandes adresses
Si message ou poulet de sa part peut entrer.

---

1. Vous n'avez qu'à dire un mot; 2. *Perruquières* : faiseuses de cheveux postiches et autres choses qui servent à coiffer hommes et femmes.

─────── QUESTIONS ───────

● VERS 1102-1131. Étudiez les effets comiques : comment Alain et Georgette participent-ils à cette scène de dressage? Leur malice (vers 1118-1125 et 1127). Qui est finalement le plus ridicule?

■ SUR L'ENSEMBLE DE LA SCÈNE IV. — Cette scène, après la précédente, nous éclaire-t-elle sur les intentions d'Arnolphe? A quel résultat veut-il parvenir?

■ SUR LA SCÈNE V. — Que pensez-vous des précautions d'Arnolphe? Ne lui rendent-elles pas confiance (vers 1140-1142)? Dans toutes les comédies de Molière, il vient un moment où le personnage, en proie à son idée fixe, s'égare et délire (voir l'exemple d'Orgon, d'Alceste, d'Harpagon). Montrez que ce moment est venu pour Arnolphe.

Scène VI. — HORACE, ARNOLPHE.

HORACE

La place m'est heureuse à vous y rencontrer.
Je viens de l'échapper bien belle, je vous jure.
1145 Au sortir d'avec vous, sans prévoir l'aventure,
Seule dans son balcon, j'ai vu paraître Agnès,
Qui des arbres prochains prenait un peu le frais.
Après m'avoir fait signe, elle a su faire en sorte,
Descendant au jardin, de m'en ouvrir la porte ;
1150 Mais à peine tous deux dans sa chambre étions-nous
Qu'elle a sur les degrés[1] entendu son jaloux* ;
Et tout ce qu'elle a pu, dans un tel accessoire[2],
C'est de me renfermer dans une grande armoire.
Il est entré : d'abord je ne le voyais pas,
1155 Mais je l'oyais[3] marcher, sans rien dire[4], à grands pas,
Poussant de temps en temps des soupirs pitoyables,
Et donnant quelquefois de grands coups sur les tables ;
Frappant un petit chien qui pour lui s'émouvait[5],
Et jetant brusquement les hardes qu'il trouvait ;
1160 Il a même cassé, d'une main mutinée[6],
Des vases dont la belle ornait sa cheminée.
Et sans doute il faut bien qu'à ce becque cornu[7]
Du trait qu'elle a joué quelque jour[8] soit venu.
Enfin, après cent tours[9], ayant de la manière
1165 Sur ce qui n'en peut mais[10] déchargé sa colère,
Mon jaloux, inquiet[11], sans dire son ennui,
Est sorti de la chambre, et moi de mon étui ;
Nous n'avons point voulu, de peur du personnage,
Risquer à nous tenir ensemble davantage :
1170 C'était trop hasarder ; mais je dois, cette nuit,
Dans sa chambre un peu tard m'introduire sans bruit :
En toussant par trois fois je me ferai connaître,
Et je dois au signal voir ouvrir la fenêtre,

---

1. *Degrés* : marches ; 2. *Accessoire* : circonstance fâcheuse (déjà vieux alors en ce sens) ; 3. *Oyais* : imparfait d'*ouïr* ; 4. *Sans rien dire* : sans qu'il dît rien ; 5. *S'émouvait* : s'agitait. Le chien devait bondir autour de son maître ; 6. *Mutinée* : furieuse. Ne se dit plus que des personnes ; 7. *Becque cornu* (de l'italien *becco cornuto*, bouc cornu) : sot, imbécile, homme trompé par sa femme ; 8. *Jour* : éclaircissement ; 9. *Tours* : allées et venues dans sa chambre ; 10. *Qui n'en peut mais* : qui n'en est pas la cause ; 11. *Inquiet* : incapable de garder la même position.

Dont, avec une échelle, et secondé d'Agnès,
1175 Mon amour tâchera de me gagner l'accès.
Comme à mon seul ami je veux bien vous l'apprendre.
L'allégresse du cœur s'augmente à la répandre,
Et, goûtât-on cent fois un bonheur trop parfait,
On n'en est pas content si quelqu'un ne le sait.
1180 Vous prendrez part, je pense, à l'heur de mes affaires.
Adieu, je vais songer aux choses nécessaires[1].

SCÈNE VII. — ARNOLPHE.

Quoi! l'astre qui s'obstine à me désespérer
Ne me donnera pas le temps de respirer!
Coup sur coup je verrai par leur intelligence
1185 De mes soins vigilants confondre la prudence!
Et je serai la dupe, en ma maturité,
D'une jeune innocente* et d'un jeune éventé!
En sage philosophe on m'a vu vingt années
Contempler des maris les tristes destinées,
1190 Et m'instruire avec soin de tous les accidents
Qui font dans le malheur tomber les plus prudents;
Des disgrâces[2] d'autrui profitant dans mon âme,
J'ai cherché les moyens, voulant prendre une femme,
De pouvoir garantir mon front de tous affronts,
1195 Et le tirer de pair[3] d'avec les autres fronts :
Pour ce noble dessein j'ai cru mettre en pratique

---

1. *Nécessaires* à l'escalade ; 2. *Disgrâces* (sens fort) : malheurs des maris trompés ; 3. *Tirer de pair :* distinguer.

─────── **QUESTIONS** ───────

■ SUR LA SCÈNE VI. — Importance de cette scène pour l'action. En dépit de tout, Horace ne fait-il pas de rapides progrès ? Pourquoi Agnès devient-elle si hardie ? Notez que son audace grandit à mesure que les précautions d'Arnolphe se multiplient, et que la menace du mariage se rapproche.

— Qu'apprend-on de la bouche d'Horace sur le comportement d'Arnolphe chez lui ? Quel aspect de son caractère se confirme ici ? A-t-on déjà eu des preuves de sa nervosité et de sa violence ?

— Comparez cette scène à la scène IV de l'acte III : comment Molière utilise-t-il l'effet de répétition sans cependant lasser ? Pourquoi Arnolphe reste-t-il silencieux ici ?

Tout ce que peut trouver l'humaine politique[1] ;
Et, comme si du sort il était arrêté
Que nul homme ici-bas n'en[2] serait exempté,
1200 Après l'expérience et toutes les lumières
Que j'ai pu m'acquérir sur de telles matières,
Après vingt ans et plus de méditation
Pour me conduire en tout avec précaution,
De tant d'autres maris j'aurais quitté la trace,
1205 Pour me trouver après dans la même disgrâce !
Ah ! bourreau de destin, vous en aurez menti !
De l'objet qu'on poursuit je suis encor nanti[3].
Si son cœur m'est volé par ce blondin* funeste,
J'empêcherai du moins qu'on s'empare du reste[4],
1210 Et cette nuit qu'on prend pour ce galant* exploit
Ne se passera pas si doucement qu'on croit.
Ce m'est quelque plaisir, parmi tant de tristesse,
Que l'on me donne avis du piège qu'on me dresse,
Et que cet étourdi, qui veut m'être fatal,
1215 Fasse son confident de son propre rival.

Scène VIII. — CHRYSALDE, ARNOLPHE.

CHRYSALDE

Eh bien, souperons-nous[5] avant la promenade ?

ARNOLPHE

Non, je jeûne ce soir.

CHRYSALDE

D'où vient cette boutade ?

ARNOLPHE

De grâce, excusez-moi, j'ai quelqu'autre embarras.

---

1. *Politique* : sagesse d'un homme réfléchi et qui sait vivre ; 2. *En* : des affronts ; 3. *Nanti* (terme de droit) : en possession ; 4. C'est-à-dire « de sa personne » ; 5. Il s'agit du repas du soir. On dit encore couramment *souper* en ce sens dans certaines provinces.

■ QUESTIONS

■ Sur la scène vii. — Quels mots, quels détails font éclater l'emphase creuse de tout ce monologue ? Notez le décalage entre le vocabulaire noble (dont vous relèverez les termes) et la bassesse bourgeoise des pensées (vers 1189, 1192, 1193, 1194, 1204) ; quel est l'effet produit par ce burlesque ? A quoi finalement aboutit cette prétendue expérience (vers 1208-1209) ? N'est-ce pas l'aveu de l'échec total ?

— L'évolution d'Arnolphe : quel sentiment domine maintenant chez lui ? Pouvait-on le prévoir d'après les scènes ii et iv du même acte ?

CHRYSALDE

Votre hymen résolu ne se fera-t-il pas?

ARNOLPHE

1220 C'est trop s'inquiéter des affaires des autres.

CHRYSALDE

Oh! oh! si brusquement! Quels chagrins sont les vôtres?
Serait-il point, compère, à votre passion
Arrivé quelque peu de tribulation[1]?
Je le jurerais presque à voir votre visage.

ARNOLPHE

1225 Quoi qu'il m'arrive, au moins aurai-je l'avantage
De ne pas ressembler à de certaines gens
Qui souffrent doucement l'approche des galans[2]*.

CHRYSALDE

C'est un étrange fait qu'avec tant de lumières
Vous vous effarouchiez[3] toujours sur ces matières;
1230 Qu'en cela vous mettiez le souverain bonheur,
Et ne conceviez point au monde d'autre honneur*.
Être avare, brutal, fourbe, méchant et lâche,
N'est rien, à votre avis, auprès de cette tâche,
Et, de quelque façon qu'on puisse avoir vécu,
1235 On est homme d'honneur* quand on n'est point cocu.
A le bien prendre, au fond, pourquoi voulez-vous croire
Que de ce cas fortuit dépende notre gloire,
Et qu'une âme bien née ait à se reprocher
L'injustice d'un mal qu'on ne peut empêcher?
1240 Pourquoi voulez-vous, dis-je, en prenant une femme,
Qu'on soit digne à[4] son choix de louange ou de blâme,
Et qu'on s'aille former un monstre plein d'effroi
De l'affront que nous fait son manquement de foi?
Mettez-vous dans l'esprit qu'on peut du cocuage

---

1. *Tribulation* : trouble, tourment. S'emploie surtout au pluriel et appartient alors au langage mystique ; 2. *Galans* : orthographe commandée par la rime ; 3. *Effaroucher* : mettre en défiance, choquer, scandaliser ; 4. *A* : selon (selon le choix qu'elle fait).

━━━ QUESTIONS ━━━

● Vers 1216-1220. Cette rencontre a-t-elle été préparée (v. vers 152-154)? Quelle indication est donnée ici sur le développement de l'action dans le temps? — L'effet comique que produit aux yeux de Chrysalde le refus d'Arnolphe.

1245 Se faire en galant homme une plus douce image,
Que, des coups du hasard aucun n'étant garant[1],
Cet accident de soi doit être indifférent,
Et qu'enfin tout le mal, quoi que le monde glose[2],
N'est que dans la façon de recevoir la chose ;
1250 Car, pour se bien conduire en ces difficultés,
Il y faut comme en tout tout fuir les extrémités.
N'imitez pas ces gens un peu trop débonnaires
Qui tirent vanité de ces sortes d'affaires,
De leurs femmes toujours vont citant les galants*,
1255 En font partout l'éloge et prônent leurs talents,
Témoignent avec eux d'étroites sympathies,
Sont de tous leurs cadeaux[3], de toutes leurs parties
Et font qu'avec raison les gens sont étonnés
De voir leur hardiesse à montrer là leur nez.
1260 Ce procédé sans doute est tout à fait blâmable ;
Mais l'autre extrémité n'est pas moins condamnable.
Si je n'approuve pas ces amis des galants*,
Je ne suis pas aussi pour ces gens turbulents
Dont l'imprudent[4] chagrin, qui tempête et qui gronde,
1265 Attire au bruit qu'il fait les yeux de tout le monde,
Et qui par cet éclat semblent ne pas vouloir
Qu'aucun puisse ignorer ce qu'ils peuvent avoir.
Entre ces deux partis il en est un honnête
Où, dans l'occasion, l'homme prudent s'arrête,
1270 Et, quand on le sait prendre, on n'a point à rougir
Du pis[5] dont une femme avec nous puisse agir.
Quoi qu'on en puisse dire, enfin, le cocuage
Sous des traits moins affreux aisément s'envisage ;
Et, comme je vous dis, toute l'habileté
1275 Ne va qu'à le savoir tourner du bon côté.

---

1. *Garant* : à l'abri ; **2.** *Quoi que* : aujourd'hui nous écririons en un mot *quoique*, le verbe *gloser* étant intransitif ; mais à l'époque, le verbe *gloser* était parfois transitif et, dans ce cas, il signifie « critiquer » (« Sans gloser les humeurs de dame Frédégonde » [Régnier, *Satires*, IV]) ; **3.** *Cadeaux* : voir vers 800 et la note ; **4.** *Imprudent* : maladroit, qui manque de discernement ; **5.** *Du pis* : superlatif de mal : de la pire façon dont... (euphémisme).

● **QUESTIONS** ●

● Vᴇʀs 1221-1275. Analysez la composition de cette tirade. Quels thèmes traditionnels, déjà tant exploités au Moyen Age, sont repris ici ? La vérité de certaines remarques sur le comportement des maris trompés. — L'humour de Chrysalde (1244-1245, 1249, 1274-1275) : montrez qu'il prend ici tout son plaisir à se moquer d'Arnolphe. Est-il possible d'en faire le porte-parole de Molière ?

ARNOLPHE

Après ce beau discours, toute la confrérie[1]
Doit un remerciement à Votre Seigneurie;
Et quiconque voudra vous entendre parler
Montrera de la joie à s'y voir enrôler.

CHRYSALDE

1280 Je ne dis pas cela, car c'est ce que je blâme;
Mais, comme c'est le sort qui nous donne une femme,
Je dis que l'on doit faire ainsi qu'au jeu de dés,
Où, s'il ne vous vient pas ce que vous demandez,
Il faut jouer d'adresse, et, d'une âme réduite[2],
1285 Corriger le hasard par la bonne conduite.

ARNOLPHE

C'est-à-dire dormir et manger toujours bien,
Et se persuader que tout cela n'est rien.

CHRYSALDE

Vous pensez vous moquer; mais, à ne vous rien feindre,
Dans le monde je vois cent choses plus à craindre,
1290 Et dont je me ferais un bien plus grand malheur
Que de cet accident qui vous fait tant de peur.
Pensez-vous qu'à choisir de deux choses prescrites,
Je n'aimasse pas mieux être ce que vous dites
Que de me voir mari de ces femmes de bien
1295 Dont la mauvaise humeur fait un procès pour rien,
Ces dragons de vertu[3], ces honnêtes diablesses[4],
Se retranchant toujours sur leurs sages prouesses,
Qui, pour un petit tort qu'elles ne nous font pas,
Prennent droit de traiter les gens de haut en bas,
1300 Et veulent, sur le pied de nous être fidèles[5],
Que nous soyons tenus à tout endurer d'elles?
Encore un coup, compère, apprenez qu'en effet
Le cocuage n'est que ce que l'on le fait,
Qu'on peut le souhaiter pour de certaines causes,
1305 Et qu'il a ses plaisirs comme les autres choses.

ARNOLPHE

Si vous êtes d'humeur à vous en contenter,

---

1. *Confrérie* : celle des maris trompés (ironique) ; 2. *Réduite* : résignée ;
3. *Dragons de vertu* : femme d'une vertu austère et farouche, et le plus
souvent affectée ; 4. *Diablesse* : femme acariâtre ; 5. Sous le prétexte qu'elles
nous sont fidèles.

Quant à moi, ce n'est pas la mienne d'en tâter
Et, plutôt que subir une telle aventure...

CHRYSALDE

Mon Dieu! ne jurez point, de peur d'être parjure.
1310 Si le sort l'a réglé, vos soins sont superflus,
Et l'on ne prendra pas votre avis là-dessus.

ARNOLPHE

Moi! je serais cocu?

CHRYSALDE

Vous voilà bien malade.
Mille gens le sont bien, sans vous faire bravade,
Qui de mine, de cœur, de biens et de maison,
1315 Ne feraient avec vous nulle comparaison[1].

ARNOLPHE

Et moi je n'en voudrais avec eux faire aucune.
Mais cette raillerie, en un mot, m'importune :
Brisons là, s'il vous plaît.

CHRYSALDE

Vous êtes en courroux :
Nous en saurons la cause. Adieu; souvenez-vous,
1320 Quoi que sur ce sujet votre honneur* vous inspire,
Que c'est être à demi ce que l'on vient de dire
Que de vouloir jurer qu'on ne le sera pas.

ARNOLPHE

Moi, je le jure encore, et je vais de ce pas
Contre cet accident trouver un bon remède.

---

1. Qui, sans vous faire injure, n'entreraient en comparaison avec vous ni pour la mine, etc.

━━━━ **QUESTIONS** ━━━━

● Vers 1276-1324. La misogynie de Chrysalde est-elle de même nature que celle d'Arnolphe? Quelle différence de tempérament existe-t-il entre les deux bourgeois? — Analysez les réactions d'Arnolphe (vers 1306-1308, 1312, 1316-1318, 1323-1324). Vers quelle résolution les propos de Chrysalde l'ont-ils encore poussé davantage?

■ Sur l'ensemble de la scène VIII. — Pourquoi Molière a-t-il fait maintenant revenir Chrysalde? Peut-on discuter de l'utilité de cette scène? Quelle influence les moqueries de Chrysalde ont-elles sur les intentions d'Arnolphe?

— Le personnage de Chrysalde : la part de convention et de vérité humaine en lui. Bouffonnerie et humour dans cette scène.

Scène IX. — ALAIN, GEORGETTE, ARNOLPHE.

ARNOLPHE

1325 Mes amis, c'est ici que j'implore votre aide.
Je suis édifié de votre affection;
Mais il faut qu'elle éclate en cette occasion;
Et, si vous m'y servez selon ma confiance,
Vous êtes assurés de votre récompense.
1330 L'homme que vous savez, n'en faites point de bruit,
Veut, comme je l'ai su, m'attraper[1] cette nuit,
Dans la chambre d'Agnès entrer par escalade;
Mais il lui faut, nous trois, dresser une embuscade,
Je veux que vous preniez chacun un bon bâton,
1335 Et, quand il sera près du dernier échelon
(Car dans le temps qu'il faut j'ouvrirai la fenêtre),
Que tous deux à l'envi vous me chargiez[2] ce traître,
Mais d'un air[3] dont son dos garde le souvenir,
Et qui lui puisse apprendre à n'y plus revenir,
1340 Sans me nommer pourtant en aucune manière,
Ni faire aucun semblant[4] que je serai derrière.
Aurez-vous bien l'esprit de servir mon courroux?

ALAIN

S'il ne tient qu'à frapper, monsieur, tout est à nous.
Vous verrez, quand je bats, si j'y vais de main morte[5].

GEORGETTE

1345 La mienne, quoique aux yeux elle n'est[6] pas si forte,
N'en quitte pas sa part à le bien étriller.

ARNOLPHE

Rentrez donc, et surtout gardez de babiller.
Voilà pour le prochain une leçon utile,
Et, si tous les maris qui sont en cette ville
1350 De leurs femmes ainsi recevaient le galand[7]*,

---

1. *Attraper* : prendre à un piège, tromper; 2. Rapprochez de « charger l'ennemi » (v. vers 434); 3. D'une façon (dont). Les subjonctifs (*garde* et *puisse*) ont une valeur consécutive; 4. *Faire aucun semblant* : ne laisser voir en aucune manière; 5. *Main morte* : main qu'on laisse aller au gré d'une personne qui l'agite, d'où « n'y pas aller de main morte » : frapper avec violence; 6. *Quoique* est aujourd'hui toujours suivi du subjonctif; 7. *Le galand* : l'amant. L'orthographe *galand* (= *galant*) permet évidemment de rimer pour l'œil.

Le nombre des cocus ne serait pas si grand.

ACTE V

Scène première. — ALAIN, GEORGETTE, ARNOLPHE.

ARNOLPHE

Traîtres, qu'avez-vous fait par cette violence?

ALAIN

Nous vous avons rendu, Monsieur, obéissance.

ARNOLPHE

De cette excuse en vain vous voulez vous armer.
1355 L'ordre était de le battre, et non de l'assommer[1],
Et c'était sur le dos, et non pas sur la tête,
Que j'avais commandé qu'on fît choir la tempête.
Ciel! dans quel accident me jette ici le sort!
Et que puis-je résoudre à voir cet homme mort?
1360 Rentrez dans la maison, et gardez de rien dire
De cet ordre innocent que j'ai pu vous prescrire :
Le jour s'en va paraître, et je vais consulter[2].

---

1. *Assommer* : tuer avec une masse ; 2. *Consulter* : examiner.

■ QUESTIONS ───────────

■ Sur la scène IX. — Sur quel ton Arnolphe s'adresse-t-il maintenant à ses valets (vers 1325-1326)?

— Le piège tendu par Arnolphe : pourquoi a-t-il recours aux violences? Pouvait-on s'attendre de sa part à un tel excès?

■ Sur l'ensemble de l'acte IV. — Dans quelle mesure l'intrigue amoureuse d'Agnès et d'Horace a-t-elle progressé dans cet acte? Notez que la hardiesse d'Agnès se fait de plus en plus grande. Pourquoi? Examinez la place importante qu'occupent la farce et la bouffonnerie dans cet acte (scène avec le notaire, avec les valets, avec Chrysalde). Pourquoi?

— L'absence d'Agnès au cours de cet acte : peut-on expliquer les motifs qu'a eus Molière de ne pas ménager de nouveau à l'acte IV une entrevue entre Arnolphe et sa pupille?

Comment dans ce malheur je me dois comporter.
Hélas! que deviendrai-je? et que dira le père
1365 Lorsqu'inopinément il saura cette affaire?

SCÈNE II. — HORACE, ARNOLPHE.

HORACE

Il faut que j'aille un peu reconnaître qui c'est.

ARNOLPHE

Eût-on jamais prévu...? Qui va là, s'il vous plaît?

HORACE

C'est vous, Seigneur Arnolphe?

ARNOLPHE

Oui; mais vous...

HORACE

C'est Horace.
Je m'en allais chez vous vous prier d'une grâce[1].
1370 Vous sortez bien matin?

ARNOLPHE, *bas.*

Quelle confusion!
Est-ce un enchantement[2]? est-ce une illusion[3]?

HORACE

J'étais, à dire vrai, dans une grande peine,
Et je bénis du ciel la bonté souveraine
Qui fait qu'à point nommé je vous rencontre ainsi.
1375 Je viens vous avertir que tout a réussi,
Et même beaucoup plus que je n'eusse osé dire,
Et par un incident qui devait tout détruire.

---

1. *Prier de* ne se construit plus aujourd'hui qu'avec un infinitif; 2. *Enchantement* : effet magique, opération surnaturelle; 3. *Illusion* : tromperie des sens, de la vue en particulier, causée par les démons.

■ QUESTIONS ■

■ SUR LA SCÈNE PREMIÈRE. — A quel moment de la journée est-on parvenu? Que laisse entendre cette première scène? Comment une fois de plus Molière a-t-il utilisé l'entracte?
— L'inquiétude d'Arnolphe est-elle sincère? Pour qui craint-il surtout?

● VERS 1366-1371. Quel est l'effet produit sur le spectateur par l'apparition, tout à fait inattendue, d'Horace? Etait-il possible de prolonger longtemps la situation de la scène première?

Je ne sais point par où l'on a pu soupçonner
Cette assignation[1] qu'on m'avait su donner;
1380 Mais, étant sur le point d'atteindre à la fenêtre,
J'ai, contre mon espoir, vu quelques gens paraître,
Qui, sur moi brusquement levant chacun le bras,
M'ont fait manquer le pied et tomber jusqu'en bas;
Et ma chute, aux dépens de quelque meurtrissure,
1385 De vingt coups de bâton m'a sauvé[2] l'aventure.
Ces gens-là, dont était, je pense, mon jaloux*,
Ont imputé ma chute à l'effort de leurs coups;
Et, comme la douleur un assez long espace[3]
M'a fait sans remuer demeurer sur la place,
1390 Ils ont cru tout de bon qu'ils m'avaient assommé,
Et chacun d'eux s'en est aussitôt alarmé.
J'entendais tout leur bruit dans le profond silence :
L'un l'autre ils s'accusaient de cette violence,
Et sans lumière aucune, en querellant[4] le sort,
1395 Sont venus doucement tâter si j'étais mort.
Je vous laisse à penser si, dans la nuit obscure,
J'ai d'un vrai trépassé su tenir la figure.
Ils se sont retirés avec beaucoup d'effroi;
Et, comme je songeais à me retirer, moi,
1400 De cette feinte mort la jeune Agnès émue
Avec empressement est devers[5] moi venue :
Car les discours qu'entre eux ces gens avaient tenus
Jusques à son oreille étaient d'abord venus,
Et, pendant tout ce trouble étant moins observée,
1405 Du logis aisément elle s'était sauvée.
Mais, me trouvant sans mal, elle a fait éclater

---

1. *Assignation* : rendez-vous ; 2. *Sauver une chose à quelqu'un* : faire qu'il ne la subisse pas ; 3. *Espace* : de temps ; 4. *Querellant* : en se plaignant de (comparez au latin *querela* : plainte) ; 5. *Devers* : du côté de.

QUESTIONS

● Vers 1371-1377. Quel a été le résultat final de toutes les précautions d'Arnolphe ? Rappelez toutes les déconvenues analogues d'Arnolphe aux actes précédents. Cette alternance de précautions inutiles et d'échecs ridicules ne forment-ils pas la charpente même de la pièce ?

● Vers 1378-1399. Représentez-vous avec précision tout ce qui s'est passé pendant l'entracte ; qui, finalement, a joué le rôle du ridicule ? Comparez avec ce que laissait entendre Arnolphe à la scène première.

● Vers 1399-1407. Quel sentiment *fait éclater* (vers 1406) la passion d'Agnès ? Les dangers qu'Arnolphe fait courir à Horace n'ont-ils pas contribué à attiser sa passion ?

Un transport difficile à bien représenter.
Que vous dirai-je? enfin, cette aimable personne
A suivi les conseils que son amour lui donne,
1410 N'a plus voulu songer à retourner chez soi,
Et de tout son destin s'est commise[1] à ma foi.
Considérez un peu, par ce trait d'innocence*,
Où l'expose d'un fou la haute impertinence[2],
Et quels fâcheux périls elle pourrait courir
1415 Si j'étais maintenant homme à la moins chérir.
Mais d'un trop pur amour mon âme est embrasée;
J'aimerais mieux mourir que l'avoir abusée;
Je lui vois des appas dignes d'un autre sort,
Et rien ne m'en saurait séparer que la mort.
1420 Je prévois là-dessus l'emportement d'un père,
Mais nous prendrons le temps d'apaiser sa colère.
A des charmes si doux je me laisse emporter,
Et dans la vie, enfin, il se faut contenter.
Ce que je veux de vous, sous un secret fidèle,
1425 C'est que je puisse mettre en vos mains cette belle,
Que dans votre maison, en faveur de mes feux,
Vous lui donniez retraite au moins un jour ou deux.
Outre qu'aux yeux du monde il faut cacher sa fuite,
Et qu'on en pourra faire une exacte[3] poursuite,
1430 Vous savez qu'une fille aussi de sa façon
Donne avec un jeune homme un étrange soupçon;
Et, comme c'est à vous, sûr de votre prudence,
Que j'ai fait de mes feux entière confidence,
C'est à vous seul aussi, comme ami généreux,
1435 Que je puis confier ce dépôt amoureux.

---

1. *Se commettre* : se confier ; 2. *Impertinence* : caractère de ce qui est contre le bon sens ; 3. *Exact* : soigneux, fait avec un soin achevé.

———— QUESTIONS ————

● Vers 1408-1415. Jugez l'imprudence d'Agnès. Comment Horace met-il Arnolphe en face de ses responsabilités ? Montrez que Molière précise également ici — à l'intention du spectateur — le danger qu'aurait pu courir Agnès si Horace n'était pas un honnête homme. Comment faut-il donc juger la tyrannie d'Arnolphe, qui n'a donné aucune formation morale à Agnès ?

● Vers 1416-1435. L'amour d'Horace pour Agnès n'a-t-il pas évolué lui aussi ? Comparez son attitude actuelle à ses propos du début de la pièce (vers 337-348). Que prouve son souci de la réputation d'Agnès ? Est-il naturel qu'il ait recours à Arnolphe ?

ARNOLPHE

Je suis, n'en doutez point, tout à votre service.

HORACE

Vous voulez bien me rendre un si charmant office?

ARNOLPHE

Très volontiers, vous dis-je, et je me sens ravir
De cette occasion que j'ai de vous servir;
1440 Je rends grâces au Ciel de ce qu'il me l'envoie,
Et n'ai jamais rien fait avec si grande joie.

HORACE

Que je suis redevable à toutes vos bontés!
J'avais de votre part craint des difficultés;
Mais vous êtes du monde[1], et, dans votre sagesse,
1445 Vous savez excuser le feu de la jeunesse.
Un de mes gens la garde au coin de ce détour[2].

ARNOLPHE

Mais comment ferons-nous? car il fait un peu jour.
Si je la prends ici, l'on me verra peut-être,
Et, s'il faut que chez moi vous veniez à paraître,
1450 Des valets causeront. Pour jouer au plus sûr[3],
Il faut me l'amener dans un lieu plus obscur :
Mon allée est commode, et je l'y vais attendre.

HORACE

Ce sont précautions qu'il est fort bon de prendre.
Pour moi, je ne ferai que vous la mettre en main,
1455 Et chez moi sans éclat[4] je retourne soudain.

ARNOLPHE, *seul.*

Ah! fortune! ce trait d'aventure propice
Répare tous les maux que m'a faits ton caprice.
(*Il s'enveloppe le nez de son manteau.*)

---

1. Vous appartenez à la société polie ; **2.** *Détour :* changement de direction d'une rue ; **3.** *Au plus sûr :* avec la plus grande sécurité ; **4.** *Éclat :* bruit.

─────── **QUESTIONS** ───────

● Vers 1436-1457. Le soudain rebondissement de l'action; le spectateur craint-il vraiment qu'Agnès ne reste définitivement au pouvoir d'Arnolphe ? — La ruse d'Arnolphe : comment savoure-t-il la revanche qu'il est en train de prendre sur Horace ? Doit-il dissimuler de la même façon qu'au cours de ses autres entretiens avec le jeune homme ?

■ Sur l'ensemble de la scène II. — Importance de cette scène au point de vue de l'action et de l'évolution psychologique des personnages.

Scène III. — AGNÈS, HORACE, ARNOLPHE.

HORACE

Ne soyez point en peine où je vais vous mener,
C'est un logement sûr que je vous fais donner;
1460 Vous loger avec moi, ce serait tout détruire :
Entrez dans cette porte, et laissez-vous conduire.
(Arnolphe lui prend la main sans qu'elle le reconnaisse.)

AGNÈS

Pourquoi me quittez-vous?

HORACE

Chère Agnès, il le faut.

AGNÈS

Songez donc, je vous prie, à revenir bientôt.

HORACE

J'en suis assez pressé par ma flamme amoureuse.

AGNÈS

1465 Quand je ne vous vois point, je ne suis point joyeuse.

HORACE

Hors de votre présence on me voit triste aussi.

AGNÈS

Hélas! s'il était vrai, vous resteriez ici.

HORACE

Quoi! vous pourriez douter de mon amour extrême?

AGNÈS

Non, vous ne m'aimez pas autant que je vous aime.
(Arnolphe la tire.)
1470 Ah! l'on me tire trop.

HORACE

C'est qu'il est dangereux,
Chère Agnès, qu'en ce lieu nous soyons vus tous deux,
Et le parfait ami de qui la main vous presse
Suit le zèle prudent qui pour nous l'intéresse[1].

---

1. *L'intéresse* : lui donne de l'intérêt pour nous. Usuel au XVIIᵉ siècle.

AGNÈS

Mais suivre un inconnu que...

HORACE

                    N'appréhendez rien :
1475 Entre de telles mains vous ne serez que bien.

AGNÈS

Je me trouverais mieux entre celles d'Horace,
Et j'aurais...
          (A Arnolphe qui la tire encore.)
                    Attendez.

HORACE

                    Adieu, le jour me chasse.

AGNÈS

Quand vous verrai-je donc?

HORACE

                    Bientôt assurément.

AGNÈS

Que je vais m'ennuyer[1] jusques à ce moment!

HORACE

1480 Grâce au Ciel, mon bonheur n'est plus en concurrence[2],
Et je puis maintenant dormir en assurance.

Scène IV. — ARNOLPHE, AGNÈS.

ARNOLPHE, *le nez dans son manteau.*

Venez, ce n'est pas là que je vous logerai,

---

1. *Ennuyer* (sens très fort) : désespérer ; 2. N'est plus incertain, en balance.

■ **QUESTIONS**

■ Sur la scène III. — Montrez que l'expression de l'amour, chez Agnès, prend une simplicité émouvante et poétique. Pourquoi ne comprend-elle pas qu'Horace puisse l'abandonner quelque temps? Qu'espérait-elle en fuyant de chez Arnolphe?

— Pouvait-on soupçonner, d'après ce qu'on sait déjà d'Agnès (scènes avec Arnolphe, texte de la lettre à Horace), qu'elle était capable de tant de délicatesse et de passion?

— Pourquoi cette scène est-elle une dure épreuve pour Arnolphe? Comment ses gestes trahissent-ils ses sentiments?

Et votre gîte ailleurs est par moi préparé,
Je prétends en lieu sûr mettre votre personne.
1485 Me connaissez-vous ?

AGNÈS, *le reconnaissant.*

Hay !

ARNOLPHE

                    Mon visage, friponne,
Dans cette occasion rend vos sens effrayés,
Et c'est à contrecœur qu'ici vous me voyez :
Je trouble en ses projets l'amour qui vous possède.
        (Agnès regarde si elle ne verra point Horace.)
N'appelez point des yeux le galant* à votre aide,
1490 Il est trop éloigné pour vous donner secours.
Ah ! ah ! si jeune encor, vous jouez de ces tours !
Votre simplicité, qui semble sans pareille,
Demande si l'on fait les enfants par l'oreille,
Et vous savez donner des rendez-vous la nuit,
1495 Et pour suivre un galant* vous évader sans bruit.
Tudieu[1] comme avec lui votre langue cajole[2] !
Il faut qu'on vous ait mise à quelque bonne école.
Qui diantre tout d'un coup vous en a tant appris ?
Vous ne craignez donc plus de trouver des esprits[3] ?
1500 Et ce galant* la nuit vous a donc enhardie ?
Ah ! coquine, en venir à cette perfidie !
Malgré tous mes bienfaits former un tel dessein !
Petit serpent que j'ai réchauffé dans mon sein,
Et qui, dès qu'il se sent[4], par une humeur ingrate,
1505 Cherche à faire du mal à celui qui le flatte[5] !

AGNÈS

Pourquoi me criez-vous[6] ?

---

1. *Tudieu* : juron familier, forme abrégée de « vertudieu » ; **2.** *Cajoler* : employer des paroles caressantes pour plaire à quelqu'un. Le verbe est employé absolument dans ce sens plusieurs fois chez Molière et chez Corneille : « ... tout le jour, il cajole avec toi » (Corneille, *la Suivante,* II, VIII) ; **3.** *Esprits* : revenants ; **4.** Dès qu'il s'est ranimé ; **5.** *Flatter* : caresser ; **6.** *Crier* : « Quelquefois actif : gronder » (*Dict. Acad.,* 1694).

━━━━━━ **QUESTIONS** ━━━━━━

● VERS 1482-1505. Qu'est-ce qui a le plus surpris Arnolphe dans la conduite d'Agnès ? Notez l'amertume de cette découverte (vers 1496). — Cette surprise ne dénote-t-elle pas l'ignorance de l'amour et du cœur féminin ? Cette *bonne école* des femmes (vers 1497), n'est-ce pas justement l'amour ? Pourquoi Arnolphe rappelle-t-il tous ses *bienfaits* (vers 1503-1505) ? Croit-il sincèrement mériter de la reconnaissance ?

ARNOLPHE

J'ai grand tort, en effet.

AGNÈS

Je n'entends point de mal dans tout ce que j'ai fait.

ARNOLPHE

Suivre un galant* n'est pas une action infâme?

AGNÈS

C'est un homme qui dit qu'il me veut pour sa femme :
1510 J'ai suivi vos leçons, et vous m'avez prêché
Qu'il se faut marier pour ôter le péché.

ARNOLPHE

Oui, mais, pour femme, moi, je prétendais vous prendre,
Et je vous l'avais fait, me semble, assez entendre.

AGNÈS

Oui, mais, à vous parler franchement entre nous,
1515 Il est plus pour cela selon mon goût que vous.
Chez vous le mariage est fâcheux et pénible,
Et vos discours en font une image terrible;
Mais, las¹! il le fait, lui, si rempli de plaisirs
Que de se marier il donne des désirs.

ARNOLPHE

1520 Ah! c'est que vous l'aimez, traîtresse.

AGNÈS

Oui, je l'aime.

ARNOLPHE

Et vous avez le front de le dire à moi-même!

AGNÈS

Et pourquoi, s'il est vrai, ne le dirais-je pas?

---

1. *Las :* Hélas! Cette expression, où *las* garde encore sa valeur d'adjectif, est déjà vieillie au xviiᵉ siècle.

───── **QUESTIONS** ─────

● Vers 1506-1511. Qu'est-ce qu'Agnès a retenu des leçons de morale d'Arnolphe? Appréciez sa logique.
● Vers 1512-1519. Est-ce la différence d'âge qui explique les préférences d'Agnès? Montrez qu'Arnolphe est l'artisan de sa propre défaite. A-t-il cherché à plaire? Comment a-t-il décrit le mariage? (v. acte III, scène II).

ARNOLPHE

Le deviez-vous aimer, impertinente?

AGNÈS

Hélas!

Est-ce que j'en puis mais? Lui seul en est la cause,
1525 Et je n'y songeais pas lorsque se fit la chose.

ARNOLPHE

Mais il fallait chasser cet amoureux désir.

AGNÈS

Le moyen de chasser ce qui fait du plaisir?

ARNOLPHE

Et ne saviez-vous pas que c'était me déplaire?

AGNÈS

Moi? point du tout : quel mal cela vous peut-il faire?

ARNOLPHE

1530 Il est vrai, j'ai sujet d'en être réjoui.
Vous ne m'aimez donc pas, à ce compte?

AGNÈS

Vous?

ARNOLPHE

Oui.

AGNÈS

Hélas! non.

ARNOLPHE

Comment, non?

AGNÈS

Voulez-vous que je mente?

ARNOLPHE

Pourquoi ne m'aimer pas, Madame l'impudente?

AGNÈS

Mon Dieu! ce n'est pas moi que vous devez blâmer :
1535 Que ne vous êtes-vous comme lui fait aimer?
Je ne vous en ai pas empêché, que je pense.

ARNOLPHE

Je m'y suis efforcé de toute ma puissance;

Mais les soins que j'ai pris, je les ai perdus tous.

AGNÈS

Vraiment, il en sait donc là-dessus plus que vous,
1540 Car à se faire aimer il n'a point eu de peine.

ARNOLPHE

Voyez comme raisonne et répond la vilaine[1] !
Peste ! une précieuse en dirait-elle plus ?
Ah ! je l'ai mal connue, ou, ma foi, là-dessus
Une sotte* en sait plus que le plus habile[2] homme.
1545 Puisqu'en raisonnement votre esprit se consomme,
La belle raisonneuse, est-ce qu'un si long temps
Je vous aurai pour lui nourrie[3] à mes dépens ?

AGNÈS

Non, il vous rendra tout jusques au dernier double[4].

ARNOLPHE

Elle a de certains mots où mon dépit redouble.
1550 Me rendra-t-il, coquine, avec tout son pouvoir,
Les obligations que vous pouvez m'avoir ?

AGNÈS

Je ne vous en ai pas de si grandes qu'on pense.

ARNOLPHE

N'est-ce rien que les soins d'élever votre enfance ?

AGNÈS

Vous avez là dedans[5] bien opéré vraiment,
1555 Et m'avez fait en tout instruire joliment !

---

1. *Vilaine* : ici, « paysanne ». Antithèse avec « raisonne » et « précieuse » ;
2. *Habile* : intelligent et expert ; 3. *Nourrie* : élevée ; 4. *Double* : très petite monnaie. Il fallait six doubles pour faire un sou ; 5. *Là dedans* : en cette affaire.

--- ● QUESTIONS ---

● Vers 1520-1540. Comment est né l'amour d'Agnès ? Arnolphe l'avait-il éduquée ? Savait-elle même ce qu'était la règle morale (vers 1527) ? La simplicité d'Agnès ne va-t-elle pas plus loin que la prétendue sagesse d'Arnolphe (vers 1535-1536) ? Arnolphe en fait a-t-il vraiment cherché à se faire aimer (vers 1537-1538). — L'aveu du vers 1532 : pourquoi Agnès dit-elle *Hélas !* tout en refusant catégoriquement d'aimer Arnolphe ?

● Vers 1541-1544. Montrez qu'Arnolphe proclame ici, sans s'en rendre compte, l'échec de ses propres théories. Comparez aux vers 82-102 et 244-248.

Croit-on que je me flatte, et qu'enfin dans ma tête
Je ne juge pas bien que je suis une bête ?
Moi-même j'en ai honte, et, dans l'âge où je suis,
Je ne veux plus passer pour sotte*, si je puis.

ARNOLPHE

1560 Vous fuyez l'ignorance, et voulez, quoi qu'il coûte,
Apprendre du blondin* quelque chose.

AGNÈS

Sans doute.
C'est de lui que je sais ce que je puis savoir,
Et beaucoup plus qu'à vous je pense lui devoir.

ARNOLPHE

Je ne sais qui[1] me tient qu'avec une gourmade[2]
1565 Ma main de ce discours ne venge la bravade[3].
J'enrage quand je vois sa piquante[4] froideur,
Et quelques coups de poing satisferaient mon cœur.

AGNÈS

Hélas ! vous le pouvez, si cela peut vous plaire.

ARNOLPHE

Ce mot, et ce regard, désarme ma colère,
1570 Et produit un retour de tendresse de cœur
Qui de son action m'efface la noirceur.
Chose étrange d'aimer, et que pour ces traîtresses
Les hommes soient sujets à de telles faiblesses !
Tout le monde connaît leur imperfection :
1575 Ce n'est qu'extravagance et qu'indiscrétion[5].
Leur esprit est méchant, et leur âme fragile[6] ;

---

1. *Qui* : ce qui ; 2. *Gourmade* : coup de poing ; 3. *Bravade* : défi ;
4. *Piquante* : vexante ; 5. *Indiscrétion* : défaut de discernement ; 6. *Fragile* :
prête à pécher.

──────── **QUESTIONS** ────────

● Vers 1545-1563. Est-ce la première fois qu'Arnolphe fait appel,
dans cette scène, à la gratitude d'Agnès ? Pourquoi renouvelle-t-il ce
reproche ? — La défense d'Agnès : montrez que son esprit critique
s'est éveillé ; Arnolphe peut-il avoir réponse aux vers 1561-1562 ?
● Vers 1564-1568. Importance de ce moment : la « gourmade » d'Arnolphe serait-elle un argument ? En quoi cette envie de donner des coups
prouve-t-elle qu'Arnolphe est maintenant en état d'infériorité en face
d'Agnès ?

Il n'est rien de plus faible et de plus imbécile[1].
Rien de plus infidèle; et, malgré tout cela,
Dans le monde on fait tout pour ces animaux-là.
1580 Hé bien! faisons la paix; va, petite traîtresse,
Je te pardonne tout, et te rends ma tendresse.
Considère par là l'amour que j'ai pour toi,
Et, me voyant si bon, en revanche aime-moi.

AGNÈS

Du meilleur de mon cœur je voudrais vous complaire.
1585 Que me coûterait-il, si je le pouvais faire?

ARNOLPHE

Mon pauvre petit bec[2], tu le peux, si tu veux.
          (*Il fait un soupir.*)
Écoute seulement ce soupir amoureux;
Vois ce regard mourant, contemple ma personne,
Et quitte ce morveux et l'amour qu'il te donne.
1590 C'est quelque sort qu'il faut qu'il ait jeté sur toi,
Et tu seras cent fois plus heureuse avec moi.
Ta forte passion est d'être brave[3] et leste[4] :
Tu le seras toujours, va, je te le proteste.
Sans cesse nuit et jour je te caresserai,
1595 Je te bouchonnerai[5], baiserai, mangerai.
Tout comme tu voudras tu pourras te conduire.
Je ne m'explique point, et cela c'est tout dire.
          (*A part.*)
Jusqu'où la passion peut-elle faire aller?
          (*Haut.*)
Enfin, à mon amour rien ne peut s'égaler.
1600 Quelle preuve veux-tu que je t'en donne, ingrate?
Me veux-tu voir pleurer? veux-tu que je me batte?
Veux-tu que je m'arrache un côté de cheveux?

---

1. *Imbécile* : faible (mais sur le plan intellectuel et moral); 2. Mon petit minois; 3. *Brave* : bien vêtue. Usuel au XVIIe siècle; 4. *Leste* : élégante; 5. *Bouchonner* : cajoler, caresser (très familier).

———— QUESTIONS ————

● Vers 1569-1583. L'attendrissement d'Arnolphe est-il sincère? Montrez la maladresse d'Arnolphe dans sa façon d'exprimer l'amour. — Pourquoi a-t-il honte de son propre sentiment (vers 1572-1573)? Les jugements sur la femme (vers 1574-1579) peuvent-ils plaire à Agnès? Horace lui parlait-il ainsi? La conclusion d'Arnolphe (vers 1580-1583): Agnès peut-elle être sensible à la « concession » que lui fait son tuteur? — Dégagez la force comique de tout ce passage : pourquoi Arnolphe est-il incapable de se faire aimer?

Veux-tu que je me tue? Oui, dis si tu le veux.
Je suis tout prêt, cruelle, à te prouver ma flamme.

ARNOLPHE

Je suis tout prêt, cruelle, à te prouver ma flamme.

AGNÈS

1605 Tenez, tous vos discours ne me touchent point l'âme.
Horace avec deux mots en ferait plus que vous.

ARNOLPHE

Ah! c'est trop me braver, trop pousser mon courroux.
Je suivrai mon dessein, bête trop indocile,
Et vous dénicherez[1] à l'instant de la ville.
1610 Vous rebutez mes vœux, et me mettez à bout,
Mais un cul de couvent[2] me vengera de tout.

SCÈNE V. — ALAIN, ARNOLPHE.

ALAIN

Je ne sais ce que c'est, Monsieur, mais il me semble
Qu'Agnès et le corps mort s'en sont allés ensemble.

---

1. *Dénicher* : quitter le nid, le logis (ici intransitif) ; 2. *Cul de couvent* : le lieu le plus gardé du couvent (rapprochez de « cul-de-basse-fosse »).

■ QUESTIONS ■

● VERS 1584-1604. La réponse d'Agnès (vers 1584-1585) est-elle encourageante pour Arnolphe? Comment l'interprète-t-il? Faites ressortir le burlesque de la déclaration d'amour faite par Arnolphe ; imaginez les gestes, les grimaces de Molière acteur (vers 1602-1603). Que devient le vocabulaire amoureux dans la bouche d'Arnolphe? Importance des vers 1596-1597 : que deviennent toutes ses théories et même son amour-propre?

● VERS 1605-1606. Dégagez la cruauté de cette réplique : est-elle consciente ou non?

● VERS 1607-1611. La solution d'Arnolphe : en quoi est-elle l'aveu de sa défaite?

■ SUR L'ENSEMBLE DE LA SCÈNE IV. — Composition de la scène : les différents moyens employés par Arnolphe pour faire céder Agnès ; leur résultat.

— L'éveil d'Agnès : montrez que sa logique est infaillible et qu'elle sait retourner tous les arguments d'Arnolphe. Dans quelle mesure est-elle consciente qu'elle peut faire souffrir Arnolphe?

— L'évolution d'Arnolphe : comparez son attitude à ce qu'elle était aux scènes V de l'acte II et III de l'acte III. Pourquoi le ridicule étouffe-t-il la pitié qu'on pourrait éprouver pour lui? Montrez que cette scène contient la moralité de la pièce.

▲ Décor traditionnel à la Comédie-Française (1922). Bibl. de l'Arsenal. Fonds Rondel.

▼ Mise en scène avec costumes modernes. — Théâtre de l'Œuvre (1962). Phot. Lipnitzki.

ARNOLPHE

La voici : dans ma chambre allez me la nicher.
1615 Ce ne sera pas là qu'il la viendra chercher;
Et puis c'est seulement pour une demie-heure[1].
Je vais, pour lui donner une sûre demeure,
Trouver une voiture; enfermez-vous des mieux[2],
Et surtout gardez-vous de la quitter des yeux.
1620 Peut-être que son âme, étant dépaysée[3],
Pourra de cet amour être désabusée.

SCÈNE VI. — HORACE, ARNOLPHE.

HORACE

Ah! je viens vous trouver accablé de douleur.
Le Ciel, Seigneur Arnolphe, a conclu[4] mon malheur,
Et, par un trait fatal d'une injustice extrême,
1625 On me veut arracher de la beauté que j'aime.
Pour arriver ici mon père a pris le frais[5] :
J'ai trouvé qu'il mettait pied à terre ici près,
Et la cause, en un mot, d'une telle venue,
Qui, comme je disais, ne m'était pas connue,
1630 C'est qu'il m'a marié sans m'en récrire[6] rien,
Et qu'il vient en ces lieux célébrer ce lien.
Jugez, en prenant part à mon inquiétude,
S'il pouvait m'arriver un contre-temps plus rude.
Cet Enrique, dont hier je m'informais à vous,
1635 Cause tout le malheur dont je ressens les coups :
Il vient avec mon père achever ma ruine,
Et c'est sa fille unique à qui l'on me destine.
J'ai dès leurs premiers mots pensé m'évanouir;
Et d'abord, sans vouloir plus longtemps les ouïr,
1640 Mon père ayant parlé de vous rendre visite,
L'esprit plein de frayeur, je l'ai devancé vite.

---

1. Nous écrivons « demi-heure »; **2.** *Des mieux :* le mieux possible (superlatif renforcé); considéré comme lui; **3.** *Dépaysée :* déconcertée par le changement de lieu; **4.** *A conclu :* a mis le comble à...; **5.** Cela justifie l'arrivée d'Oronte sur la place. Oronte a mis pied à terre pour prendre le frais et il arrive; **6.** *Récrire* (texte de l'édition originale et de celle de 1864) : probablement coquille pour « écrire ».

■ **QUESTIONS**

■ Sur la scène v. — Utilité de cette scène pour l'action. Pourquoi Arnolphe devient-il de plus en plus odieux? Le comique du vers 1613.

De grâce, gardez-vous de lui rien découvrir ·
De mon engagement, qui le pourrait aigrir,
Et tâchez, comme en vous il prend grande créance[1],
1645 De le dissuader de cette autre alliance.

ARNOLPHE

Oui-da[2].

HORACE

Conseillez-lui de différer un peu,
Et rendez en ami ce service à mon feu.

ARNOLPHE

Je n'y manquerai pas.

HORACE

C'est en vous que j'espère.

ARNOLPHE

Fort bien.

HORACE

Et je vous tiens mon véritable père.
1650 Dites-lui que mon âge... Ah! je le vois venir.
Écoutez les raisons que je vous puis fournir.
(Ils demeurent en un coin du théâtre.)

Scène VII. — ENRIQUE, ORONTE, CHRYSALDE,
HORACE, ARNOLPHE.

ENRIQUE, *à Chrysalde.*

Aussitôt qu'à mes yeux je vous ai vu paraître,
Quand on ne m'eût rien dit, j'aurais su vous connaître.
Je vous vois tous les traits de cette aimable sœur
1655 Dont l'hymen autrefois m'avait fait possesseur;

---

1. *Créance :* confiance ; 2. *Da :* particule de renforcement qui se joint à l'adverbe affirmatif ou négatif.

■ QUESTIONS ■

■ Sur la scène vi. — Quel nouveau contretemps frappe les amoureux ? Cette arrivée d'Enrique était-elle préparée (v. vers 269-276) ? Jusqu'où va la confiance d'Horace (vers 1649) ? Est-il naturel qu'Horace demande à Arnolphe d'intervenir en sa faveur ? Sur quel ton Arnolphe lui répond-il ?

Et je serais heureux si la Parque cruelle
M'eût laissé ramener cette épouse fidèle,
Pour jouir avec moi des sensibles douceurs
De revoir tous les siens après nos longs malheurs.
1660 Mais, puisque du destin la fatale puissance
Nous prive pour jamais de sa chère présence,
Tâchons de nous résoudre, et de nous contenter
Du seul fruit amoureux qu'il m'en est[1] pu rester :
Il vous touche de près, et sans votre suffrage
1665 J'aurais tort de vouloir disposer de ce gage.
Le choix du fils d'Oronte est glorieux de soi.
Mais il faut que ce choix vous plaise comme à moi.

CHRYSALDE

C'est de mon jugement avoir mauvaise estime,
Que douter si j'approuve un choix si légitime.

ARNOLPHE, *à Horace.*

1670 Oui, je vais vous servir de la bonne façon.

HORACE

Gardez encore un coup...

ARNOLPHE

N'ayez aucun soupçon.

ORONTE, *à Arnolphe.*

Ah! que cette embrassade est pleine de tendresse!

ARNOLPHE

Que je sens à vous voir une grande allégresse!

ORONTE

Je suis ici venu...

ARNOLPHE

Sans m'en faire récit,
1675 Je sais ce qui vous mène[2].

---

1. Nous dirions : qu'il m'en *ait* pu rester; 2. *Mène :* amène.

●—————— QUESTIONS ——————

● VERS 1652-1671. Le changement de style : caractérisez le vocabulaire propre à ce genre de dénouement (comparez avec *l'Avare*, V, v). Pourquoi Molière retarde-t-il la découverte de l'identité d'Agnès?

ORONTE

On vous l'a déjà dit?

ARNOLPHE

Oui.

ORONTE

Tant mieux.

ARNOLPHE

Votre fils à cet hymen résiste,
Et son cœur prévenu[1] n'y voit rien que de triste;
Il m'a même prié de vous en détourner.
Et moi, tout le conseil que je vous puis donner,
1680 C'est de ne pas souffrir que ce nœud se diffère
Et de faire valoir l'autorité de père.
Il faut avec vigueur ranger les jeunes gens,
Et nous faisons contre eux à leur être indulgens[2].

HORACE

Ah! traître!

CHRYSALDE

Si son cœur a quelque répugnance,
1685 Je tiens qu'on ne doit pas lui faire violence.
Mon frère[3], que je crois, sera de mon avis.

ARNOLPHE

Quoi! se laissera-t-il gouverner par son fils?
Est-ce que vous voulez qu'un père ait la mollesse
De ne savoir pas faire obéir la jeunesse?
1690 Il serait beau, vraiment, qu'on le vît aujourd'hui
Prendre loi de qui doit la recevoir de lui.
Non, non, c'est mon intime, et sa gloire est la mienne;
Sa parole est donnée, il faut qu'il la maintienne,
Qu'il fasse voir ici de fermes sentiments,
1695 Et force de son fils tous les attachements.

---

1. *Prévenu :* empli à l'avance de sentiments hostiles ; 2. *Indulgens :* orthographe nécessaire à la rime pour l'œil ; 3. Terme traditionnel d'affection pour
s'adresser à un beau-frère (v. vers 1654).

--- QUESTIONS ---

● VERS 1672-1695. L'« allégresse » d'Arnolphe en revoyant son ami
Oronte est-elle provoquée par la seule amitié? Comment son idée fixe
a-t-elle là aussi dégradé les bons sentiments dont il était capable (v. vers
259-264)? Peut-on accuser Arnolphe de mensonge aux vers 1676-1683?
Sa « franchise » est-elle pourtant louable? D'où vient son insistance
aux vers 1687-1695, alors que personne ne le contredit?

ORONTE

C'est parler comme il faut, et, dans cette alliance,
C'est moi qui vous réponds de son obéissance.

CHRYSALDE, *à Arnolphe.*

Je suis surpris, pour moi, du grand empressement
Que vous me faites voir pour cet engagement,
1700 Et ne puis deviner quel motif vous inspire...

ARNOLPHE

Je sais ce que je fais, et dis ce qu'il faut dire.

ORONTE

Oui, oui, Seigneur Arnolphe, il est...

CHRYSALDE

Ce nom l'aigrit;
C'est monsieur de la Souche, on vous l'a déjà dit.

ARNOLPHE

Il n'importe.

HORACE

Qu'entends-je?

ARNOLPHE, *se retournant vers Horace.*

Oui, c'est là le mystère.
1705 Et vous pouvez juger ce que je devais faire.

HORACE

En quel trouble...

SCÈNE VIII. — GEORGETTE, ENRIQUE, ORONTE, CHRYSALDE, HORACE, ARNOLPHE.

GEORGETTE

Monsieur, si vous n'êtes auprès,
Nous aurons de la peine à retenir Agnès :

───────── QUESTIONS ─────────

● VERS 1696-1706. Le coup de théâtre du vers 1702 était-il attendu?
L'équivoque sur laquelle est fondée toute l'intrigue n'est-elle pas un
peu fragile?

■ SUR L'ENSEMBLE DE LA SCÈNE VII. — Sur qui cette fois Arnolphe
prend-il sa revanche? Pourquoi sa manœuvre est-elle particulièrement
odieuse? Quel rôle croit-il se donner aux yeux de ses bons amis Chrysalde et Oronte? Les véritables motifs de son attitude.

— Comparez Arnolphe à d'autres personnages de Molière, qui, par
leur entêtement, deviennent franchement odieux.

Elle veut à tous coups s'échapper, et peut-être
Qu'elle se pourrait bien jeter par la fenêtre.

ARNOLPHE

1710 Faites-la moi venir; aussi bien de ce pas
Prétends-je l'emmener.
(*A Horace.*)
Ne vous en fâchez pas :
Un bonheur continu rendrait l'homme superbe,
Et chacun a son tour, comme dit le proverbe.

HORACE

Quels maux peuvent, ô Ciel, égaler mes ennuis?
1715 Et s'est-on jamais vu dans l'abîme où je suis?

ARNOLPHE, *à Oronte*.

Pressez vite le jour de la cérémonie;
J'y prends part, et déjà moi-même je m'en prie[1].

ORONTE

C'est bien notre dessein.

SCÈNE IX. — AGNÈS, ALAIN, GEORGETTE,
ORONTE, ENRIQUE, ARNOLPHE,
HORACE, CHRYSALDE.

ARNOLPHE

Venez, belle, venez,
Qu'[2]on ne saurait tenir, et qui vous mutinez.
1720 Voici votre galant*, à qui pour récompense
Vous pouvez faire une humble et douce révérence.
Adieu, l'événement trompe un peu vos souhaits;
Mais tous les amoureux ne sont pas satisfaits.

AGNÈS

Me laissez-vous, Horace, emmener de la sorte?

---

1. Je m'invite ; 2. Le relatif ne suit pas immédiatement son antécédent *belle*.
L'usage aujourd'hui n'admettrait guère cette construction.

--- QUESTIONS ---

■ SUR LA SCÈNE VIII. — Est-ce seulement une scène de transition pour
ramener Agnès sur le théâtre ? Comment s'aggravent les conséquences
de la tyrannie d'Arnolphe ?
— Quel aspect du caractère d'Arnolphe reparaît au vers 1712 ?

HORACE

1725 Je ne sais où j'en suis, tant ma douleur est forte.

ARNOLPHE

Allons, causeuse, allons.

AGNÈS

Je veux rester ici.

ORONTE

Dites-nous ce que c'est que ce mystère-ci.
Nous nous regardons tous sans le pouvoir comprendre.

ARNOLPHE

Avec plus de loisir je pourrai vous l'apprendre.
1730 Jusqu'au revoir.

ORONTE

Où donc prétendez-vous aller?
Vous ne nous parlez point comme il nous faut parler.

ARNOLPHE

Je vous ai conseillé, malgré tout son murmure,
D'achever l'hyménée.

ORONTE

Oui, mais pour le conclure,
Si l'on vous a dit tout, ne vous a-t-on pas dit
1735 Que vous avez chez vous celle dont il s'agit,
La fille qu'autrefois de l'aimable Angélique
Sous des liens secrets eut le seigneur Enrique?
Sur quoi votre discours était-il donc fondé?

CHRYSALDE

Je m'étonnais aussi de voir son procédé.

ARNOLPHE

1740 Quoi!...

CHRYSALDE

D'un hymen secret ma sœur eut une fille
Dont on cacha le sort à toute la famille.

ORONTE

Et qui, sous de feints noms, pour ne rien découvrir,
Par son époux, aux champs, fut donnée à nourrir[1].

---

1. *Nourrir* : élever.

CHRYSALDE

Et dans ce temps le sort, lui déclarant la guerre,
1745 L'obligea de sortir de sa natale terre.

ORONTE

Et d'aller essuyer mille périls divers
Dans ces lieux séparés de nous par tant de mers.

CHRYSALDE

Où ses soins ont gagné ce que dans sa patrie
Avaient pu lui ravir l'imposture et l'envie.

ORONTE

1750 Et de retour en France, il a cherché d'abord
Celle à qui de sa fille il confia le sort.

CHRYSALDE

Et cette paysanne a dit avec franchise
Qu'en vos mains à quatre ans elle l'avait remise.

ORONTE

Et qu'elle l'avait fait, sur votre charité[1],
1755 Par un accablement d'extrême pauvreté.

CHRYSALDE

Et lui, plein de transport et l'allégresse en l'âme,
A fait jusqu'en ces lieux conduire cette femme.

ORONTE

Et vous allez enfin la voir venir ici
Pour rendre aux yeux de tous ce mystère éclairci.

CHRYSALDE

1760 Je devine à peu près quel est votre supplice;
Mais le sort en cela ne vous est que propice.
Si n'être point cocu vous semble un si grand bien,
Ne vous point marier en est le vrai moyen.

ARNOLPHE, *s'en allant tout transporté et*
ne pouvant parler.

Oh[2]!

ORONTE

D'où vient qu'il s'enfuit sans rien dire?

---

1. Sur votre réputation de charité ; 2. *Oh !* : dès la première représentation, l'acteur disait *Ouf !* La substitution se fait toujours.

HORACE

Ah! mon père,
1765 Vous saurez pleinement ce surprenant mystère.
Le hasard en ces lieux avait exécuté
Ce que votre sagesse avait prémédité.
J'étais, par les doux nœuds d'une ardeur mutuelle,
Engagé de parole avecque[1] cette belle;
1770 Et c'est elle, en un mot, que vous venez chercher,
Et pour qui mon refus a pensé vous fâcher.

ENRIQUE

Je n'en ai point douté d'abord que je l'ai vue,
Et mon âme depuis n'a cessé d'être émue.
Ah! ma fille, je cède à des transports si doux.

CHRYSALDE

1775 J'en ferais de bon cœur, mon frère, autant que vous,
Mais ces lieux et cela ne s'accommodent guères.
Allons dans la maison débrouiller ces mystères,
Payer à notre ami ses soins officieux[2],
Et rendre grâce au Ciel, qui fait tout pour le mieux.

_____

1. *Avecque :* les deux formes *avec* et *avecque* s'emploient en poésie encore au XVIIᵉ siècle, selon les nécessités de la mesure du vers; 2. *Officieux :* obligeants (ironique).

———— **QUESTIONS** ————

■ SUR LA SCÈNE IX. — Les deux mouvements de cette scène : comment Molière rend-il plus sensible l'effondrement du plan d'Arnolphe?
— Pourquoi le récit romanesque des vers 1733-1759 est-il réparti entre deux personnages? Quel effet de rythme en résulte?
— Utilité de la réplique de Chrysalde (vers 1760-1764), si on se rappelle ses discussions avec Arnolphe (acte premier, scène première et acte IV, scène VIII).
— Interprétez et expliquez le *Ouf!* d'Arnolphe (voir note du vers 1764), en notant bien le jeu de scène qui accompagne cette exclamation. Cette sortie burlesque inspire-t-elle de la pitié?

■ SUR L'ENSEMBLE DE L'ACTE V. — La composition de l'acte : montrez qu'on peut le comparer de ce point de vue aux actes III et IV. Comment la dernière « précaution » d'Arnolphe se révèle-t-elle aussi inutile que les autres?
— Les étapes du dénouement : analysez la technique dramatique qui permet à Molière de décomposer ce dénouement en plusieurs situations.
— Le caractère romanesque du dénouement le rend-il invraisemblable? Dans quel état d'esprit accueille-t-il cette histoire?
— Montrez que cet acte achève aussi l'évolution psychologique des trois principaux personnages (Arnolphe fou de jalousie, Agnès devenue une adulte révoltée, Horace prêt au mariage).

JUGEMENTS SUR « L'ÉCOLE DES FEMMES »

XVIIᵉ SIÈCLE

Dès janvier 1663, Boileau soutient Molière contre les attaques qui se dessinent contre l'Ecole des femmes.

A MOLIÈRE

En vain mille jaloux esprits,
Molière, osent avec mépris,
Censurer ton plus bel ouvrage;
Sa charmante naïveté
S'en va pour jamais d'âge en âge
Divertir la postérité.

Ta muse avec utilité,
Dit plaisamment la vérité;
Chacun profite à ton Ecole;
Tout en est beau, tout en est bon;
Et ta plus burlesque parole
Est souvent un docte sermon.

Boileau (1663).

Molière lui-même nous renseigne dans sa Critique de « l'Ecole des femmes » *sur les arguments de ses adversaires :*

Lysidas : Dans cette comédie-ci, il ne se passe point d'action, et tout consiste en des récits que vient faire ou Agnès ou Horace. [...]
Est-il rien de si peu spirituel, ou pour mieux dire, rien de si bas, que quelques mots où tout le monde rit, et surtout celui des « enfants par l'oreille »?
[...] La scène du valet et de la servante au-dedans de la maison, n'est-elle pas d'une longueur ennuyeuse, et tout à fait impertinente?
[...] Arnolphe ne donne-t-il pas trop librement son argent à Horace? Et puisque c'est le personnage ridicule de la pièce, fallait-il lui faire faire l'action d'un honnête homme?
[...] Le sermon et les maximes ne sont-elles pas des choses ridicules, et qui choquent même le respect que l'on doit à nos mystères?
[...] Et ce Monsieur de la Souche enfin, qu'on nous fait un homme d'esprit et qui paraît si sérieux en tant d'endroits, ne descend-il point dans quelque chose de trop comique et de trop outré au cinquième acte, lorsqu'il explique à Agnès la violence de son amour, avec ces roulements d'yeux extravagants, ces soupirs ridicules, et ces larmes niaises qui font rire tout le monde?

Molière répond à ces critiques par la bouche d'Uranie et de Dorante :

Uranie : Pour moi, je trouve que la beauté du sujet de *l'École des femmes* consiste dans cette confidence perpétuelle; et ce qui me paraît assez plaisant, c'est qu'un homme qui a de l'esprit et qui est averti de tout par une innocente qui est sa maîtresse, et par un étourdi qui est son rival, ne puisse avec cela éviter ce qui lui arrive. [...]

Dorante : Pour ce qui est des « enfants par l'oreille » ils ne sont plaisants que par la réflexion à Arnolphe, et l'auteur n'a pas mis cela pour être de soi un bon mot, mais cela pour une chose qui caractérise l'homme, et peint d'autant mieux son extravagance, puisqu'il rapporte une sottise triviale qu'a dite Agnès comme la chose la plus belle du monde, et qui lui donne une joie inconcevable. [...]

Quant à l'argent qu'il donne librement, outre que la lettre de son meilleur ami lui est une caution suffisante, il n'est pas incompatible qu'une personne soit ridicule en de certaines choses et honnête homme en d'autres. Et pour la scène d'Alain et de Georgette dans le logis, que quelques-uns ont trouvée longue et froide, il est certain qu'elle n'est pas sans raison, et de même qu'Arnolphe se trouve attrapé, pendant son voyage, par la pure innocence de sa maîtresse, il demeure, au retour, longtemps à sa porte par l'innocence de ses valets, afin qu'il soit partout puni par les choses qu'il a cru faire la sûreté de ses précautions. [...]

Pour le discours moral que vous appelez un sermon, il est certain que de vrais dévots qui l'ont ouï n'ont pas trouvé qu'il choquât ce que vous dites ; et sans doute que ces paroles « d'enfer » et de « chaudières bouillantes » sont assez justifiées par l'extravagance d'Arnolphe et par l'innocence de celle à qui il parle. Et quant au transport amoureux du cinquième acte, qu'on accuse d'être trop outré ou trop comique, je voudrais bien savoir si ce n'est pas faire la satire des amants, et si les honnêtes gens même et les plus sérieux en de pareilles occasions, ne font pas des choses... ?

Molière,
la Critique de « l'École des femmes » (juin 1663).

Voici deux passages significatifs des pièces écrites par les adversaires de Molière. (On en trouvera de très longs extraits dans l'édition de la Critique de « l'École des femmes », « Classiques Larousse ».

CLITIE

Il est vrai que ce *le* contente bien du monde ;
C'est un *le* fait exprès pour les gens délicats.

AMARANTE

Elle est maligne, au moins ; ne vous y fiez pas,
Car je sais que ce *le* lui paraît détestable (scène VII).

AMARANTE

Outre qu'un satirique est un homme suspect
Au seul mot de sermon nous devons du respect ;
C'est une vérité qu'on ne peut contredire.
Un sermon touche l'âme et jamais ne fait rire [...]
Pour ce que l'on respecte on n'a point de mépris (scène VIII).

Boursault,
le Portrait du peintre (septembre 1663).

Je ne dirai point que le sermon qu'Arnolphe fait à Agnès et que les dix maximes du mariage choquent nos mystères, puisque tout le monde en murmure hautement.

> Donneau de Visé,
> *Zélinde* (septembre 1663).

Les défenseurs de la morale chrétienne la plus austère, qui condamnent par principe toute comédie comme immorale, sont naturellement très sévères pour l'École des femmes.

Il n'y a rien de plus scandaleux que la cinquième scène du deuxième acte de *l'École des femmes.*

> Le Prince de Conti,
> *Sentiments des Pères de l'Église* (1667).

On réprouvera les discours où ce vigoureux censeur des grands canons, ce grave réformateur des mines et des expressions de nos précieuses, étale cependant au grand jour les avantages d'une infâme tolérance dans les maris, et sollicite les femmes à de honteuses vengeances contre leurs jaloux.

> Bossuet,
> *Maximes et réflexions sur la comédie* (1694).

XVIIIᵉ SIÈCLE

Le goût du XVIIIᵉ siècle, si on en croit Voltaire, n'est guère favorable à l'École des femmes, puisqu'on préfère l'École des maris, qu'on ne mettrait plus aujourd'hui sur le même plan.

Elle passe pour être inférieure en tout à *l'École des maris*, et surtout dans le dénouement, qui est aussi postiche dans *l'École des femmes* qu'il est bien amené dans *l'École des maris.*

> Voltaire,
> *Sommaire de « l'École des femmes »* (édition de 1765).

XIXᵉ SIÈCLE

A partir de la fin du XIXᵉ siècle, l'histoire et la critique littéraires s'attachent à replacer la pièce en son temps et à dégager les véritables intentions de Molière. Sur ce point, il est intéressant de remarquer que les problèmes à propos desquels les opinions diffèrent et parfois s'opposent sont toujours ceux qui avaient divisé les contemporains de Molière, en particulier quand il s'agit de déterminer les intentions de Molière à l'égard de la morale traditionnelle et de la religion.

En réalité, ce que les contemporains sentirent, c'est que la comédie venait, avec Molière, de s'enfler d'une autre ambition, et que, pour

commencer, elle venait dans *l'École des femmes* de toucher oblique-
ment à la grande question qui divisait alors les esprits. Ils recon-
nurent dans *l'École des femmes* une intention qui la passait elle-même.
Il leur parut enfin que ce poète franchissait les limites, qu'il étendait
les droits de son art jusque sur des objets qui devaient lui demeurer
étrangers, qu'il sortait insolemment de son rôle d'amuseur public.

Ferdinand Brunetière,
Revue des Deux Mondes (Ier septembre 1890).

La femme n'est pas pour Molière ce petit animal instinctif, illogique
et déconcertant, que nos contemporains aiment à représenter. Ce
type ne se rencontre guère dans son œuvre, sauf un peu Agnès.

Gustave Lanson,
Histoire de la littérature française (1894).

Vous savez que de notre temps, le sentiment public a prolongé
de beaucoup pour les hommes et même pour les femmes, l'âge où
il n'est pas encore ridicule d'être amoureux. Arnolphe, aux yeux
de Molière, est grotesque parce qu'il aime à quarante-trois ans.
Mais quarante-trois ans, aujourd'hui, c'est à peine la seconde
jeunesse. [...]
Ces mots de nature du genre rosse, comme mon maître Sarcey
n'a pas craint de les baptiser, il y en a dans les rôles d'Agnès et
d'Arnolphe.

Jules Lemaître,
Impressions de théâtre, 8e série (1895).

Lisez, nous dit-on, la dernière scène de l'acte III, et la première
de l'acte IV : Arnolphe y étale son « désespoir » qui le met « à
deux doigts du trépas ». [...] Ne dirait-on pas Alceste confessant
avec honte l'invincible amour qui le soumet à Célimène? Pas tout
à fait. A la passion douloureuse se mêlent ici, dans une assez large
mesure, la déception de la « prudence trompée », la blessure de
l'amour-propre, et Arnolphe « enrage » autant qu'il souffre. Ce
mélange de sentiments très divers est surtout remarquable dans
la scène VI de l'acte V, qu'on aurait tort de dire sur un ton demi-
tragique, car Molière a voulu qu'Arnolphe y prêtât à rire.

Félix Hémon,
Cours de littérature (1898).

XXe SIÈCLE

L'École des femmes à travers les aventures d'Arnolphe, d'Horace
et d'Agnès semblait bien suggérer une philosophie de l'amour et
du mariage et, à travers l'amour et le mariage, une philosophie
ou du moins une sagesse de la vie. [...]

Il ne s'agit pas de monter sournoisement une machine de guerre contre la piété. [...] Mais il s'agissait de prendre parti entre deux piétés qui entraînaient deux conceptions de la vie entre lesquelles, de fait sinon par raisonnement, on ne pouvait pas ne pas choisir. D'un côté celle qui nous demandait d'être des saints si nous ne voulions pas être des damnés [...], de l'autre, celle qui voulait être [...] « humaine et traitable », qui distingue entre les plaisirs, entre les passions, qui approuve les attachements terrestres du cœur, quand ils sont honnêtes.

Daniel Mornet,
Molière (1943).

L'École des femmes réagit contre les sévérités de l'organisation familiale traditionnelle et le prosaïsme bourgeois, en un sens qui favorisait quelques-unes des revendications du féminisme précieux.

René Jasinski,
Histoire de la littérature française (1947).

Sa vraie pensée ne se dégage pas de telle ou telle sentence de Chrysalde, mais de l'ensemble de la pièce. Sympathie pour la jeunesse, foi en la vie, haine du pédantisme moral. Tous ces thèmes qui couraient à travers *l'École des maris* reparaissent ici. Avec d'ailleurs plus de force, de mordant et d'audace. Certains critiques obstinés à rétrécir la signification des chefs-d'œuvre refusent de voir dans *l'École des femmes* une satire de la morale religieuse. Mais ils se gardent bien d'apporter en faveur de leur négation le moindre argument de fait. Trouvent-ils dans tout le répertoire de l'époque une seule scène où soit mise en cause l'idée de péché, comme elle l'est par Agnès? Et croient-ils qu'en traitant ainsi un sujet interdit, Molière n'avait pas conscience de son audace? La vérité, c'est que Molière a pour toute morale ascétique une hostilité raisonnée et de principe, qu'il fait confiance à la vie, à la spontanéité, à la liberté.

Antoine Adam,
Histoire de la littérature française au XVIIe siècle,
tome III (1952).

Dans une même soirée, Molière assurait le personnage d'Arnolphe et celui de Sganarelle du *Médecin malgré lui* : dans la première pièce, il était présent dans dix-sept scènes sur vingt-deux. [...] Il lui fallait une assurance extraordinaire pour tenir aussi longtemps les planches.

Les rôles qu'il tenait, [...] c'étaient les grands rôles comiques, ceux qui déclenchent le succès de rire [...]; c'étaient aussi les rôles dynamiques, ceux dont le titulaire bouge sans arrêt. [...]

L'emploi de Molière dans sa troupe était donc un emploi de premier comique. C'était la grande vedette de la compagnie. Son talent majeur résidait dans sa drôlerie, son agilité corporelle et sa virtuosité oratoire complétaient son sens du burlesque.

René Bray,
Molière, homme de théâtre (1954).

En haut : décor et mise en scène à la Comédie-Française (1938).
Arnolphe est joué par Fernand Ledoux.

En bas : décor et mise en scène du Théâtre national populaire (1958).

Phot. Lipnitzki et Agnès Varda.

SUJETS D'EXPOSÉS ET DE DEVOIRS

NARRATIONS :

● Arnolphe (vers 150-154) invite Chrysalde à souper. Agnès sera présente. Vous ferez voir les trois personnages à table et vous imaginerez les réflexions que, le souper fini, ont échangées les deux amis.

● Alain et Georgette, après avoir assommé Horace (début de l'acte V), sont venus nuitamment tâter le « corps mort ». Ils s'accusent l'un l'autre d'homicide. Décrivez la scène.

● Arnolphe (acte IV, vers 1347 et suivants) recommande à ses valets de ne point « babiller ». Vous ferez babiller Alain et Georgette, qui ne peuvent s'empêcher de commenter les ordres de leur maître.

● Arnolphe va « consulter » (vers 1362-1363) « comment dans son malheur il se doit comporter ». Composez le monologue d'Arnolphe.

LETTRES :

● Horace a épousé Agnès. Arnolphe fait part à Chrysalde de ses sentiments et de ses résolutions.

PORTRAITS :

● Agnès fait à Horace le portrait de M. de la Souche.

● Horace fait à son père, Oronte, le portrait d'Agnès.

DISSERTATIONS :

● Comparez Agnès à Isabelle de *l'École des maris*.

● Comparez Arnolphe à Sganarelle de *l'École des maris*.

● Le rôle d'Agnès nécessite de grandes qualités de la part de la comédienne qui le tient : quelles sont, à votre avis, ces qualités ? Dans quelles limites peut-on nuancer l'interprétation du personnage ?

● Selon Voltaire, le théâtre de Molière est une école de bienséances. *L'École des femmes* répond-elle à cette définition ?

● La comédie se passe tout entière sur « une place de ville ». Comment s'y est pris Molière pour ménager la vraisemblance ?

● Que pensez-vous de la critique que Lysidas (*Critique de « l'École des femmes »*) a faite de la présente comédie : « Il ne se passe point d'action et tout consiste en des récits que vient faire ou Agnès ou Horace » ?

● Étudiez les diverses formes de comique dans *l'École des femmes*.

● On a parfois voulu voir dans *l'École des femmes* une espèce de drame bourgeois. Montrez par l'analyse du comique, et par le jeu des acteurs qu'évoque la lecture de la pièce, que c'est fausser les intentions de Molière.

● Quelles étaient à votre avis les intentions morales ou philosophiques de Molière dans *l'École des femmes*?

● Molière était-il féministe? Comparez la leçon de cette pièce avec la satire des *Femmes savantes*.

● Comparez *le Barbier de Séville*, de Beaumarchais, à *l'École des femmes*. Similitudes et différences dans l'intrigue. Comparez Bartholo à Arnolphe et Rosine à Agnès.

TABLE DES MATIÈRES

Imp. LAROUSSE, 1 à 9, rue d'Arcueil, Montrouge (Hauts-de-Seine).
Mai 1965. — Dépôt légal 1965-2ᵉ. — Nᵒ 3771. — Nᵒ de série Editeur 3889.
IMPRIMÉ EN FRANCE (Printed in France). — 35.666 E-6-67.

les dictionnaires Larousse

sont constamment tenus à jour :

en un volume

PETIT LAROUSSE

Une netteté incomparable (imprimé en offset). Les mots les plus récents; toutes les définitions renouvelées. Des renseignements encyclopédiques rigoureusement à jour aussi bien dans la partie « vocabulaire » que dans la partie « noms propres ».
1 808 pages (14,5 × 21 cm), 5 130 ill. et 114 cartes en noir, 48 h.-t. en couleurs, atlas de 24 pages.

Existe également en édition de luxe, papier bible, reliure pleine peau.

LAROUSSE CLASSIQUE

Le dictionnaire du baccalauréat, de la 6e à l'examen : sens moderne et classique des mots, tableaux de révisions, cartes historiques, etc.
1 290 pages (14 × 20 cm), 53 tableaux historiques, 153 planches en noir, 48 h.-t. et 64 cartes en noir et en couleurs.

DICTIONNAIRE
DU VOCABULAIRE ESSENTIEL

par G. Matoré, directeur des Cours de Civilisation française à la Sorbonne. Les 5 000 mots fondamentaux de la langue française, définis à l'aide de ce même vocabulaire, avec de nombreux exemples d'application. 360 pages (13 × 18 cm), 230 illustrations.

en deux volumes (21 × 30 cm)

LAROUSSE UNIVERSEL

Plus de 2 000 pages. Le dictionnaire du « juste milieu ». 138 423 articles, des milliers de gravures, de planches en noir et en couleurs, 535 reproductions des chefs-d'œuvre de l'Art.

en dix volumes (21 × 27 cm)

GRAND LAROUSSE ENCYCLOPÉDIQUE

Dans l'ordre alphabétique, toute la langue française, toutes les connaissances humaines. 10 240 pages, 450 000 acceptions, 32 516 illustrations et cartes en noir, 314 hors-texte en couleurs.

dictionnaires pour l'étude du langage

une collection d'ouvrages reliés (13,5 × 20 cm) indispensables pour une connaissance approfondie de la langue française et une sûre appréciation de sa littérature :

DICTIONNAIRE DES LOCUTIONS FRANÇAISES
par Maurice Rat. 462 pages ; édition augmentée.

DICTIONNAIRE DES DIFFICULTÉS DE LA LANGUE FRANÇAISE
couronné par l'Académie française. Par Adolphe V. Thomas. 448 pages.

DICTIONNAIRE DES SYNONYMES
couronné par l'Académie française. Par R. Bailly. 640 pages.

DICTIONNAIRE ANALOGIQUE
par Ch. Maquet. Les mots par les idées, les idées par les mots. 600 pages.

NOUVEAU DICTIONNAIRE ÉTYMOLOGIQUE
par A. Dauzat, J. Dubois et H. Mitterand. 850 pages. *Nouveauté.*

DICTIONNAIRE D'ANCIEN FRANÇAIS
par R. Grandsaignes d'Hauterive. 604 pages.

DICTIONNAIRE DES RACINES
des langues européennes. Par R. Grandsaignes d'Hauterive. 364 pages.

DICTIONNAIRE DES NOMS DE FAMILLE
et prénoms de France. Par A. Dauzat. 652 pages

DICTIONNAIRE DES NOMS DE LIEUX
de France. Par A. Dauzat et Ch. Rostaing. 720 pages.

DICTIONNAIRE DES PROVERBES
sentences et maximes. Par M. Maloux. 648 pages.

DICTIONNAIRE DES RIMES FRANÇAISES
méthodique et pratique. Par Ph. Martinon. 296 pages.

DICTIONNAIRE COMPLET DES MOTS CROISÉS
préface de R. Touren. 896 pages. *Nouveauté.*